BERGO
NTANA

TUTTO

Tradução de Cecília Ciscato e Samuel Titan Jr.

Sam Stourdzé

FELLINI

Publicado por ocasião da exposição no IMS-RJ, de 10 de março a 17 de junho, e no SESC Pinheiros, de 3 de julho a 6 de setembro de 2012

IMS
edições SESCSP

Esta exposição, realizada pelo Instituto Moreira Salles e pelo SESC São Paulo, convida o público brasileiro a mergulhar no mundo das imagens de Federico Fellini, um dos inventores da visualidade do século XX.

Resultado de pesquisa do curador Sam Stourdzé, diretor do Museu de Lausanne, na Suíça, a exposição é composta por fotografias de bastidores, desenhos feitos pelo próprio diretor, revistas de época, quadrinhos, cartazes, entrevistas e trechos de filmes, que, reunidos, revelam o processo criativo do cineasta italiano

Nem cronológicos, nem filmográficos, a exposição e este catálogo seguem linhas temáticas, divididas em: cultura popular, Fellini em ação, a cidade das mulheres e a invenção biográfica. Espécie de laboratório visual, *Tutto Fellini* tem um percurso pontuado pelas obsessões do diretor e por suas fontes de inspiração, mostrando as várias facetas do *maestro*: devorador onívoro de imagens, admirador das mulheres, crítico da sociedade, realizador enérgico, criador profuso, entre outras tantas.

Em seus filmes, Fellini questiona os limites entre real e imaginário, ficcional e biográfico, alta e baixa cultura, cinema de autor e de entretenimento. Com isso, conquista para si uma liberdade criativa que, por sua vez, resulta numa das mais originais reflexões sobre o nosso tempo.

Reflexões essas que dialogam com os propósitos de ambas as instituições, dentre os quais, o respeito à diversidade das formas de expressão, a democratização do acesso às manifestações culturais e artísticas e o caráter educativo que extrapola as palavras e as imagens.

Instituto Moreira Salles
SESC São Paulo

FUNNY FACE

O desfile das imagens

Sam Stourdzé

Amigo de Fellini e correspondente da *Paris Match* em Roma nos anos 1950, Beno Graziani recorda um homem jovial que desejava ser querido por todos e a quem todos queriam bem: "Fellini falava com você como se você fosse o homem mais inteligente do mundo".[1] Um dia, Fellini contou a seu amigo o assunto de seu próximo filme, as aventuras de um jornalista em Roma. Mais tarde, admitiria que o personagem interpretado por Marcello Mastroianni em *A doce vida* (*La Dolce vita*, 1960) parecia-se com Graziani.

Alguns amigos ficarão incomodados com esses empréstimos abusivos, outros se divertirão ao contar uma história na véspera e vê-la retomada por Fellini no dia seguinte. Mas todos concordarão em reconhecer seu talento de contador de histórias.

Fellini apropria-se das histórias. Ele se informa, vai ao encontro e indaga. Alimentando-se constantemente do mundo que o cerca, ele se apodera do real, insere-o em seus filmes e o encena. A análise detalhada desse princípio revela os mecanismos de uma fábrica de imagens tipicamente felliniana.

O CIRCO FELLINI

Antes de ingressar no mundo do cinema, esse filho de Rimini, que se mudara para Roma aos 19 anos de idade, começa a vida como caricaturista em jornais populares. Estreia em publicações como *420*, *Il Travaso delle Idee* e, mais tarde, *Marc'Aurelio*. Fellini escreve pouco e desenha muito. Em 1944, abre um negócio, a Funny Face Shop,[2] onde, por algumas liras, faz caricaturas dos passantes, principalmente de soldados americanos baseados na cidade.

Mestre dos recursos da caricatura, ele capta uma situação com poucos traços, constrói um mundo povoado por figuras grotescas, todo um universo agora familiar e que logo será reconhecido como "felliniano".

A obra de Fellini inspira-se profundamente no circo e em seu grande desfile de figuras. Em *Os palhaços* (*I Clowns*, 1970), um menino – o próprio Fellini –, aterrorizado pelo terrível espetáculo, abandona o circo aos prantos. Já de volta a seu quarto, ele confessa, em *off*, com a voz do próprio Fellini:

> O passeio terminou brutalmente. Os palhaços não tinham me divertido, muito pelo contrário, eles me deram medo. Aqueles rostos de gesso e expressão enigmática, aquelas máscaras de beberrões, os gritos, as risadas endiabradas, as piadas tolas e cruéis me lembravam de outros personagens estranhos e perturbadores que se encontram em todas as cidades de província.

Nesse turbilhão de faces grotescas, o espectador descobre Giovannone, o vagabundo perverso, a freira anã – 30 cm de altura – que alterna seus dias entre o convento e o asilo, a matrona que traz o marido pau-d'água de volta para casa num carrinho de mão ou ainda o ferido de guerra em sua cadeira de rodas, acompanhado de dona Inês, que sabe de cor todos os discursos de Mussolini.

Fellini, à esquerda, diante da Funny Face Shop, *c.* 1944

1. Entrevista com o autor, 19.05.2009. **2.** Em Roma, Fellini abre a loja, na via Nazionale, em parceria com Guglielmo Guasta e Carlo Bompiani.

> Os palhaços aberrantes, grotescos, maltrapilhos, em sua completa irracionalidade, violência e extravagância sempre me pareceram embaixadores ébrios e delirantes de uma vocação sem volta, uma espécie de antecipação, uma profecia: a anunciação feita a Federico. E, de fato, o cinema, quer dizer, fazer cinema, viver com uma trupe que roda um filme, não é como a vida de circo?[3]

Mas quem é ela, essa grande família de tipos esquisitos que perambulam por todos os filmes de Fellini? Bufões? Lembranças? Atributos do espetáculo? São a contrapartida da história, seu complemento. Herdeiros de uma tradição de figuras grotescas,[4] são caricaturas vivas que o diretor filma com deleite. Formam o mundo segundo Fellini, a meio caminho entre o Carnaval e o Pátio dos Milagres. Juntos, compõem o grande desfile, o Circo Fellini.

Se essas figuras extravagantes e bem reais se parecem com os palhaços e se o cinema pode se comparar ao circo, então, sob essa grande lona, agita-se um mundo insólito do qual a obra de Fellini pretende ser a intérprete.

Com efeito, o cineasta colherá inspiração ao mesmo tempo no que está a seu redor e no vasto repertório de suas lembranças – reais ou inventadas.

A RECORRÊNCIA DOS MOTIVOS

Numa entrevista filmada de 1961,[5] Fellini relata um dia de sua infância na companhia de gente de circo, por ocasião de uma escapada. A história iniciática termina com uma pergunta incrédula do entrevistador: "Mas isso é mesmo verdade?". Contrariado com o fato de que alguém ainda se importe em saber a verdade, Fellini se exalta: "Não, mas, de todo modo, que importa se é verdade ou não?". Assim, desastradamente, afirma um de seus preceitos cinematográficos: diante da encenação, a verdade propriamente dita torna-se secundária.

Em 1953, *Os boas-vidas* (*I Vitelloni*) inaugura o baile da ficção biográfica. Para seu quarto filme,[6] Fellini recorre a suas recordações de juventude. Um grupo de jovens adultos – boas-vidas, *vitelloni*, sempre dispostos a aprontar – vaga sem nada para fazer por uma cidade de província (Rimini?) tão sinistra quanto o tédio. Todos sonham em fugir dali, mas só Moraldo (Franco Interlenghi) finalmente tem a coragem de ir para Roma.

Vinte anos mais tarde, *Amarcord* (1973) conta uma história parecida. Dessa vez, os personagens centrais são um grupo de adolescentes. Suas travessuras, que divertem uma cidade – Rimini novamente reconstruída em estúdio –, são tão tristes quanto antes.[7] Entre tormento e exaltação de sua libido, as figuras femininas pontuam as estripolias dos adolescentes.

De um filme a outro, Fellini retoma a mesma história, não onde a deixara, mas mudando de perspectiva, como se deslocasse o eixo de sua câmera. De *Os boas-vidas* a *Amarcord*, se os protagonistas rejuvenesceram, Fellini, por

3. FELLINI, Federico. *Faire un film*. Paris: Seuil, 1980, p. 114. **4.** Nome dado aos ornamentos fantásticos da Roma antiga que voltaram à voga nos séculos XV e XVI. Desde então, o termo entrou na língua corrente e se tornou sinônimo de figura caricatural, disforme, burlesca ou ridícula. **5.** Trata-se da primeira entrevista longa com Fellini, realizada por André Delvaux e produzida para a televisão belga. **6.** *Os boas-vidas* é o terceiro longa-metragem de Fellini – ou o quarto filme, se levarmos em conta o episódio "A agência matrimonial", que ele rodou para o filme coletivo *Amor na cidade* (*L'Amore in città*, 1953). **7.** Fellini deixou Rimini em 1937 para não voltar até 1946, depois que a cidade foi largamente destruída pela guerra. Não é difícil imaginar a experiência traumática de quem então declarou já não reconhecer sua cidade. Fellini perdera o lugar de suas recordações, mais precisamente, o cenário de seu passado. Para *Amarcord*, reconstruiu no Estúdio 5 de Cinecittà uma cidade muito parecida com Rimini, ao passo que, para *Os boas-vidas*, preferiu rodar em Ostia, perto de Roma. "Foi em Ostia que eu rodei *Os boas-vidas*, porque sua vez, enriqueceu o vocabulário de seu cinema. Seu domínio dos recursos narrativos leva-o a introduzir em *Amarcord* um novo personagem de condição indeterminada, um narrador que se intromete entre o espectador e a história, como para lembrar mais uma vez que o cinema se interpõe entre o observador e a realidade.

AS OBSESSÕES FEMININAS

Em vários de seus filmes, Fellini põe em cena os mesmos acontecimentos de sua vida. Essa recorrência não é uma simples repetição, mas antes uma tentativa de contar uma outra versão da mesma história, de enriquecer o sentido. Desse ponto de vista, a aproximação de duas sequências – a confissão de *Amarcord* e as visões[8] de *A cidade das mulheres* (*La Città delle donne*, 1980) – ilumina a trajetória do pensamento do cineasta. De fato, nesses dois filmes, Fellini propõe uma tipologia feminina, estendendo em *A cidade das mulheres* as ideias anunciadas em *Amarcord*.

Titta (Bruno Zanin), o protagonista de *Amarcord*, é questionado pelo padre: "Você se toca? Você sabe que são Luís chora quando você se toca?" E o adolescente responde consigo mesmo: "Mas como não se tocar quando se pensa em...". Num movimento de introspecção, Titta se lança a um inventário do sexo feminino, repleto de todas as protuberâncias mamárias ou traseiras... À luz dessas obsessões, sucedem-se a dona da tabacaria, de seios hipnotizantes, a professora de matemática e seu ar felino, as granjeiras de santo Antônio montadas em suas bicicletas, a Volpina mais que ninfomaníaca e, por fim, Gradisca, a mulher fatal que se enfurna num cinema.

Não há quem não conheça essas mulheres fellinianas, que povoam seus filmes – a Saraghina de *8½* (1963) não seria a Volpina de *Amarcord*, a dona da tabacaria de *Amarcord*, a granjeira de *A cidade das mulheres*?[9]

Em *A cidade das mulheres*, a sequência de visões é construída sobre o mesmo modelo de uma tipologia narrada sob forma de recordação.

Não se trata mais de uma simples confissão de um adolescente, mas de uma incursão no inconsciente do personagem encarnado por Marcello Mastroianni, um ator do qual Fellini repetidas vezes lança mão como um duplo. Snaporaz[10] (Mastroianni), um quinquagenário perdido na vida, atraído por barulhos estranhos embaixo da cama, descobre aí uma entrada misteriosa. É o começo de um tobogã gigante de um parque de diversões pelo qual ele se deixará levar. Começa então uma descida gradual ao imaginário, ao coração de uma fábrica de imagens. A cada curva, Mastroianni descobre fascinado a projeção de grandes figuras femininas que marcaram sua infância, a efervescência de suas primeiras perturbações eróticas.

Construída como a de *Amarcord*, a cena acumula as obsessões femininas. Encontram-se aí a vendedora de peixe,

a cidade é uma Rimini artificial: é mais Rimini que a própria Rimini. [...] Em suma, é uma reconstituição cenográfica da cidade que eu tenho em minha memória, na qual se pode entrar – como posso dizer? – feito um turista, sem medo de se prender". Cf. *Les Propos de Fellini*. Paris: Buchet/Chastel, 1980, pp. 51-52. **8.** Fellini qualifica a cena do tobogã de *A cidade das mulheres* de "sequência de visões", em uma carta que ele envia a Georges Simenon, em 19 de outubro de 1979. **9.** Em sua obra *Fellini, un rêve, une vie* (Paris: Cerf, 1997), Jean-Max Méjean descreve a mulher felliniana como um ser polissêmico e polimorfo. **10.** O personagem de Marcello Mastroianni em *A cidade das mulheres* leva o estranho nome de Snaporaz. Esse nome já fizera uma rápida aparição em *8½*. Por ocasião do reencontro de Guido (Mastroianni) e um de seus antigos camaradas, este último chamava-o enigmaticamente de "meu velho Snaporaz" – um modo muito felliniano de reforçar discretamente o sentimento de repetição de uma história de ares autobiográficos.

a enfermeira, a criada, a mulher fatal, a viúva do cemitério, as atrizes míticas do cinema e, por fim, a prostituta de traseiro fenomenal.

A semelhança formal das duas sequências não deve ocultar uma evolução importante no tratamento do assunto. Em *Amarcord*, ela se limita a uma forma narrativa clássica, ao passo que em *A cidade das mulheres*, ela personifica o lugar da formação das imagens, o imaginário coletivo, para se aproximar de um termo junguiano. A descida é construída como uma metáfora da exploração do inconsciente, uma evocação da memória. Três velhos senhores de fraque vão à frente de Mastroianni no tobogã da memória. O parque de diversões e o tobogã simbolizam os lugares de diversão. Os três senhores estão aí para nos recordar: nós já tínhamos cruzado com eles em *Roma de Fellini* (*Roma*, 1972), quando apresentavam o espetáculo de *music hall*. Na cena das visões de *A cidade das mulheres*, eles anunciam ora uma nova recordação, ora uma representação feminina. O imaginário se metamorfoseia em um cabaré mental, um repertório visual ao qual o diretor recorre insaciavelmente para compor seus filmes.

AS IMAGENS SEGUNDO JUNG

No início dos anos 1960, Fellini, seguido do doutor Ernst Bernhard, descobre os estudos de Jung e se familiariza com suas teorias sobre a análise dos sonhos e sobre a ideia do inconsciente coletivo. Inicia então um trabalho meticuloso de retranscrição de seus sonhos por meio do desenho e da escrita, exercício ao qual ele se submete até 1990.[11] Fellini se entusiasma pelo pensamento de Jung, pois ele oferece uma estrutura a suas explorações cinematográficas. O psicanalista não escrevera que "minha experiência profissional me fez constatar diversas vezes que as imagens e as ideias contidas nos sonhos não podem ser atribuídas unicamente a um fenômeno de memória. Elas exprimem novos pensamentos que antes não haviam ultrapassado o limiar da consciência?"[12]

Desde *8 ½*, ao mesmo passo que seu cinema se torna mais introspectivo, Fellini busca uma linguagem cinematográfica apta a dar conta de um sentimento interior que oscila entre o inconsciente, a memória e os sonhos. A propósito, por ocasião de uma correspondência com seu amigo Georges Simenon – ele mesmo junguiano convicto –, Fellini descreve assim a cena de *A cidade das mulheres*:

> Estou rodando estes dias a sequência chamada genericamente de "visões": trata-se de uma longa viagem, de uma queda em suspenso do herói, que desliza por um tobogã em espiral, afunda, volta a subir e mergulha de novo na ofuscante escuridão da mitologia feminina.[13]

Em *A cidade das mulheres*, Fellini persegue a experiência esboçada em *Amarcord*. Põe em funcionamento um dispositivo formal no qual se funda a analogia entre o imaginário e o espetáculo. Mas vai ainda mais longe, acrescentando

Federico Fellini, caricatura da época de Rimini, *c.* 1937

11. Dois grandes álbuns contêm os desenhos dos sonhos de Fellini ao longo de quase 30 anos. Foram recentemente publicados em fac-símile: *Le Livre de mes rêves* (Paris: Flammarion, 2007). **12.** JUNG, Carl Gustav. *Essai d'exploration de l'inconscient*. Paris: Gallimard, 1964, p. 50. **13.** Carta de Federico Fellini a Georges Simenon, de 19 de outubro de 1979. Cf. *Carissimo Simenon, mon cher Fellini*. Paris: Cahiers du Cinéma, 1998, p. 66.

à sua tipologia feminina um elemento recém-chegado. Os três velhos senhores anunciam-no cantando: "E aí está, o cinema...". Em meio ao cortejo de mulheres, se trata afinal dele – o cinema!

Pode parecer estranho incluí-lo assim no seio de uma galeria de mulheres. Mas a articulação é sutil, pois Fellini começa por projetar na tela de uma sala de cinema exemplos de mulheres fatais tiradas de velhos filmes. De repente, a sala se transforma numa cama gigante, tomada por um bando de garotos. Juntos, eles se masturbam diante da projeção. Assim, logo se vê que o diretor tenta definir sua relação com a sala escura inserindo-a no contexto dessas mulheres rememoradas.

Em *Amarcord*, tal tentativa converte-se rapidamente em *gag*. Fellini havia introduzido uma forte carga erótica. Titta segue a sublime Gradisca (Magali Noël) até um cinema. Sozinho na sala escura, diante da encarnação da mulher fatal, o adolescente tomado de desejo senta-se a seu lado e põe a mão em sua coxa. Gradisca, fumando sensualmente, desvia os olhos da tela e lhe diz: "Mas o que você está procurando aí?". Em pânico, o adolescente foge imediatamente.

Aqui, o jogo da sedução se expressa entre dois espectadores – um homem e uma mulher – de um mesmo filme numa mesma sala escura. Com *A cidade das mulheres*, Fellini sublima essa relação, torna-a mais abstrata. Ele a desloca da sala à tela e vice-versa. É uma modificação radical do tratamento de uma mesma ideia. O cinema, como lugar de projeção de uma imagem de mulher, e a sala escura, como provável lugar de origem, evocam as relações ambíguas de Fellini com as mulheres e o cinema, como se ambos fossem inseparáveis.

De resto, Fellini se explica a respeito por ocasião da estreia do filme:

> É o ritual cinematográfico que é em si profundamente feminino. Esse modo de ficar juntos no escuro, numa situação quase placentária, esse jogo de sombras e luzes, essas imagens gigantes, transfiguradas. Além disso, no cinema, trata-se de projeção, não é? E a mulher, para o homem, não é uma espécie de tela sobre a qual ele projeta seus fantasmas?[14]

A CIRCULAÇÃO DAS IMAGENS

O cinema é um mediador entre a realidade e sua percepção. Consciente desse papel de intermediário e de seu poder, Fellini não se cansa de interrogar a condição da imagem e a veracidade da mensagem que ela veicula. Na segunda metade do século XX, amplamente dominada pela questão da imagem, o cineasta toma a medida do que está em jogo na mediatização do real, no instante em que o acontecimento se transforma rapidamente em espetáculo. Fellini retorna às mesmas imagens, investiga suas origens, questiona seu futuro. Afinal de contas, jamais acreditou na neutralidade das imagens. Muito pelo contrário, sabe que elas são

Federico Fellini, *O livro dos sonhos*, sonho de fins de maio de 1980

14. VOLTA, Ornella. "Autour de *La Cité des femmes*". *In : Federico Fellini. Dossier Positif-Rivages*. Paris: Rivages, 1988, p. 123.

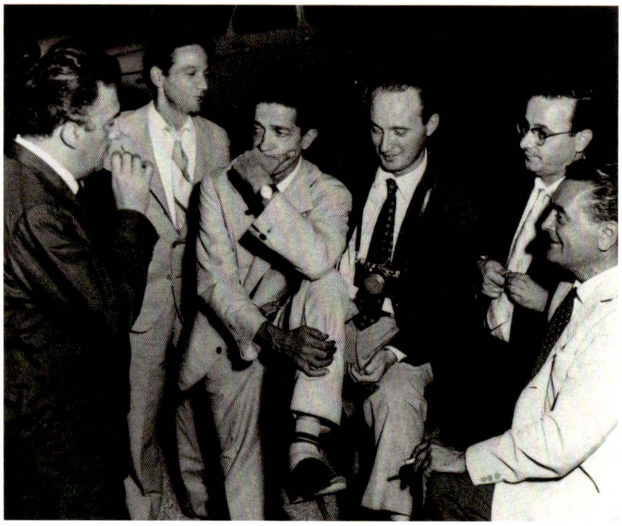

manipuláveis e interpretáveis. Talvez seja esse um dos ensinamentos da tomada de distância que a caricatura impõe, ou a lição aprendida diante dos usos políticos do neorrealismo?

Recordemos apenas que Fellini é contemporâneo do nascimento da imagem midiática. A ascensão simultânea do cinema e da imprensa ilustrada abre caminho a uma nova forma de representação. O dispositivo midiático cria o acontecimento, ao passo que a difusão de sua imagem cria o estrelato. A imprensa ilustrada, a televisão, o anúncio publicitário, o comercial, mas também o cinema, moldam a imagem do real e se impõem como os novos vetores de uma cultura popular da qual Fellini fará vasto uso. Lembremos da cena do milagre de *A doce vida*, organizada à maneira de um *show* midiático, ou de Anita Ekberg fazendo pose para um *outdoor* gigantesco em "As tentações do doutor Antônio" (episódio de *Boccaccio '70*, 1962) ou ainda do retorno de *Ginger e Fred*, patrocinado pela televisão.

Nos anos 1950, a reconstrução da Itália, iniciada logo após a guerra, dera lugar à prosperidade. As feridas da guerra se fecham, e o país – Roma à frente – se entrega à alegria de viver. Numa sociedade elétrica, a população descobre pouco a pouco os prazeres e os excessos do consumo, da publicidade e do lazer. A cidade encarna mais do que nunca os antagonismos profundos entre a Roma moderna e a Roma antiga. O Vaticano, a poucas centenas de metros do novo endereço de todos os desvarios – a via Veneto –, observa com olhar severo a perda de valores do mundo moderno.

A análise minuciosa das fontes de *A doce vida* confirma a impregnação realista da trama do filme, na forma de referência às mutações de uma época, da religião midiática aos costumes levianos, do reino das vedetes ao suicídio do intelectual.

REALIDADE FELLINIANA

Enquanto trabalha com Flaiano e Pinelli[15] na redação do roteiro de *A doce vida*, o diretor, com os braços carregados de revistas, encontra regularmente os fotógrafos:

> Eu passava muitas noites com os fotógrafos da via Veneto, para conversar com Tazio Secchiaroli e os outros e para que me explicassem os truques da profissão. Como eles despistavam suas presas, como eles faziam para deixá-las nervosas e como eles preparavam suas reportagens sob medida para os diferentes jornais.[16]

Em julho de 1958, perto de Terni, duas crianças afirmam ter visto Nossa Senhora. O fotógrafo Tazio Secchiaroli cobre o acontecimento e publica sua reportagem no *Settimo Giorno*. Dois anos mais tarde, Fellini encena esse milagre, a histeria popular e o cortejo midiático.

Em novembro de 1958, Secchiaroli mais uma vez ganha a manchete das revistas com o *striptease* de uma dançarina

"Os belos panoramas da Itália!", *La Domenica del Corriere*, 17 de agosto de 1952
Da esquerda para a direita: Fellini, seu assistante Moraldo Rossi, os fotógrafos Pierluigi Praturlon e Tazio Secchiaroli, o agente Ezio Vitale e o fotógrafo Sandro Vespasiani, outubro de 1958

15. Ennio Flaiano e Tullio Pinelli são os roteiristas fiéis de Fellini. **16.** FELLINI, Federico. *Le Propos de Fellini*. Paris: Buchet/Chastel, 1980, pp. 107-108.

L'Espresso

LA TRAVERSATA DI ROMA

turca numa boate da moda. As fotos na imprensa chocam ainda mais, na medida em que revelam que a juventude abastada de Roma participara da farra. Fellini adaptou o fato na cena do *striptease* de *A doce vida*.

O *rock'n'roll* acaba de invadir Roma. O *L'Espresso* de 26 de outubro de 1956 informa que ele chega mesmo a ser dançado nas ruas da cidade. Fellini, por sua vez, leva em conta o fato, oferecendo um papel a um jovem cantor, Adriano Celentano, que em *A doce vida* se abandona a um *rock* frenético, ao som do qual dança Anita Ekberg.

Na via Veneto, os bares e boates atraem todos as estrelas de passagem por Roma. Desde então, a grande avenida torna-se o campo de trabalho de um novo tipo de fotógrafo, os caçadores de furos. *A doce vida* recria em estúdio o espetáculo da via Veneto e seu perfume de escândalo.

No filme, o fotógrafo Walter Santesso é chamado de Paparazzo e oferecerá, em troca, o nome a toda uma profissão: após *A doce vida*, os fotógrafos de celebridades passariam a se chamar *paparazzi*.[17]

Muitas são as imagens atribuídas à extravagância felliniana, que, entretanto, muitas vezes inspiram-se em fatos apurados. É o caso, justamente, da cena de abertura de *A doce vida*, baseada num noticiário católico projetado nos cinemas, no qual um helicóptero transporta uma estátua de Cristo.[18]

O roteiro de *A doce vida*, recheado de referências a fatos reais, conta a vida tal qual as novas mídias a representam. E, num fascinante movimento de vaivém entre o real e a ficção, Fellini apresenta *sua* própria realidade. Apropriando-se dos fatos midiáticos, rompendo com a linearidade narrativa e introduzindo a desconstrução do relato, Fellini anuncia com vigor o rumo moderno que seu cinema agora toma. Da inserção biográfica à mediatização do real, ele experimenta com o cinema e questiona sua forma.

O MITO DA FONTANA DI TREVI

A história da cena da Fontana da Trevi sintetiza por si só a circulação complexa das imagens, ao passo que a análise de seu percurso revela as etapas da criação.

Fellini se inspira em uma série de fotografias de Pierluigi, publicadas em setembro de 1958 no *Il Tempo*, nas quais Anita Ekberg, numa noite quente de verão, se refrescava na Fontana di Trevi. Para *A doce vida*, em março de 1959, Ekberg repete a cena, a pedido de Fellini, mas dessa vez usando um vestido preto e acompanhada de um admirador embasbacado.

Das páginas do *Il Tempo* ao filme de Fellini, as imagens circulam, seguindo o processo criativo de um cineasta dotado de um talento infalível para identificar toda matéria com potencial cinematográfico.

Vinte e sete anos após *A doce vida*, o cineasta revisita em *Entrevista* (*Intervista*, 1987) a sequência da Fontana. O roteiro de *Entrevista* remete ao documentário. Uma equipe de televisão japonesa segue Fellini como quem segue um guia.

"Roma. O *rock'n'roll* faz sua primeira aparição pública", *L'Espresso*, 26 de outubro de 1956

17. Em italiano, *paparazzi* é o plural de *paparazzo*. O termo é uma invenção de Fellini, popularizado por *A doce vida*. Uma de suas possíveis origens seria a contração do termo *papatacco*, um mosquito pequeno, e de *ragazzo*, rapaz. **18.** Noticiário CIAK do dia 1 de maio de 1956. Com a escalada da ideologia comunista, a igreja católica desenvolve uma doutrina social e tenta enquadrar mais firmemente as classes populares. Em 1955, o papa Pio XII, em sua estratégia de revalorização do trabalho, faz do 1 de maio a festa de são José Artesão. Em 1 de maio de 1956, na praça do Duomo, em Milão, uma estátua do Cristo Trabalhador é consagrada antes de ser levada ao Vaticano, transportada por um helicóptero.

O cineasta interpreta a si próprio, ao passo que Cinecittà não é mais o lugar em que fica o cenário, mas o próprio cenário. Encontramos Mastroianni fantasiado de Mandrake, rodando um filme publicitário. E Fellini, tomado pelo entusiasmo da equipe de televisão, leva todos para a casa de Anita Ekberg.[19]

A visita surpresa se transforma em festa improvisada. Mastroianni, em trajes de mágico, faz aparecer uma tela sobre a qual projeta dois trechos de *A doce vida*, sendo um deles a sequência da Fontana. Na tela, o casal eterno encarna, aos olhos do mundo – no caso, a equipe de televisão japonesa –, o romance em seu momento máximo, o símbolo dos anos 1960 da *dolce vita*.

Depois do empréstimo a Pierluigi, a imagem de *A doce vida* cedeu lugar à constatação amarga de *Entrevista*. Sabe-se que uma imagem felliniana pode ter antecedentes, mas agora Fellini se pergunta sobre o que será feito dela.

É evidente que o cineasta tem consciência de que a imagem que ele criou 27 anos antes não é mais a mesma, ela se transformou em ícone. A memória coletiva se apropriou dela, deformando-a. Pondo os atores frente a sua imagem, Fellini os faz assistir, impotentes, a seu próprio declínio. Marcello e Anita, envelhecidos, já tendo perdido a graça e a soberba, não são confrontados a *A doce vida*, mas antes à imagem do filme, ao mito do filme. Os junguianos falariam de *A doce vida* como um arquétipo moderno, construído pelo imaginário ou inconsciente coletivo. Uma memória que todos nós compartilhamos. O que interessa Fellini em *Entrevista* já não é mais prestar contas de *A doce vida*, mas sim da apropriação que fizemos do filme. Surpreendentemente, ninguém até então percebera sua intervenção, tamanho o cuidado do cineasta em manter nossa crença. Porém, Fellini retrabalha a sequência, usa um novo enquadramento,[20] transforma-a, modificando sua montagem, suprimindo planos. Descontextualiza a cena, focando nos protagonistas e, assim, recriando a ilusão do casal. Fellini vai ainda mais longe: grava uma nova sequência sonora em cima das imagens de *A doce vida*. Em *Entrevista*, não é mais o Marcello de *A doce vida* que se dirige à Sylvia de *A doce vida*, nem é o Marcello de *Entrevista* que se dirige à Anita de *Entrevista*, mas é o Marcello de *Entrevista* que se dirige à Sylvia de *A doce vida* para lhe perguntar: "Quem é você? Uma deusa, a mãe, o oceano profundo, o lar. Você é Eva..." Dirigindo-se à projeção de uma imagem, Marcello não se dirige, afinal, ao cinema?

Chegamos ao ponto final, ao desfecho, onde tudo se encaixa, da recorrência do motivo à mediatização do real.

"FELLINI, *C'EST MOI*!"

A essa luz, voltemos a nossos tipos estranhos e, com eles, à tomada de consciência por Fellini de um elemento constitutivo de seu cinema. No movimento da *mise-en-scène* de sua história, para não dizer da *mise-en-scène* de sua imagem, Fellini procura integrar não uma galeria de

19. Fellini já tinha brincado com a mesma ideia em *Anotações de um diretor*, fazendo uma visita surpresa a Marcello Mastroianni em sua casa na via Appia Antica. **20.** O efeito deve-se, certamente, à mudança de formato. *A doce vida* é filmado em Totalscope, enquanto *Entrevista* é filmado em 4:3. Mas Fellini deixa estar: se quisesse conservar a imagem original de *A doce vida*, poderia simplesmente ter reduzido seu tamanho.

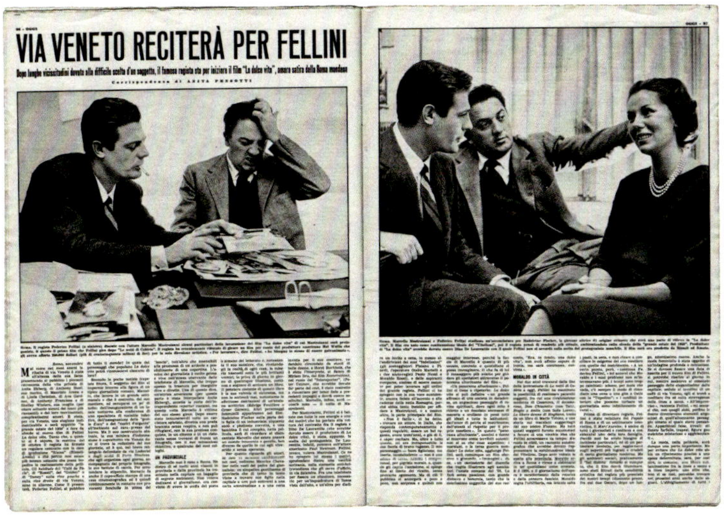

VIA VENETO RECITERÀ PER FELLINI

retratos – já o fizera antes em seus filmes – mas a relação que o liga a essa galeria. Fellini tem adoração profunda por essa multidão de figurantes que atravessam todos os seus filmes.

Essa multidão encarna uma presença serena, que o diretor gosta de ter a seu redor. Beno Graziani recorda-se das visitas a Cinecittà. O Estúdio 5 de Fellini contava, nesses tempos, com uma população estranha, por vezes assustadora, que vinha oferecer seus serviços. O próprio Fellini tratava de explicar seu método:

> Publico nos jornais um anúncio que diz mais ou menos o seguinte: Federico Fellini está à disposição para se encontrar com quem quiser encontrá-lo. Nos dias seguintes, receberei centenas de pessoas. Todos os loucos de Roma chegam e a polícia com eles. É um tipo de maluquice surreal, que cria um ambiente muito estimulante. Eu observo cada um com atenção. Roubo um pouco da personalidade de cada visitante. Um me fascina por um tique. Outro me interessa pelos óculos. Às vezes, acrescento um novo personagem ao roteiro em função de um novo rosto que descubro assim. Vejo milhares para escolher dois para o meu filme, mas assimilo tudo. É como se eles me dissessem: olhe bem para nós, cada um de nós é uma peça do mosaico que você está compondo.[21]

De partida, Fellini tem consciência da relação particular que ele mantém com a multidão de figurantes, um vínculo de obsessão. Desde os anos 1960, ele tenta inspirar-se nela, recolocá-la em cena. Os primeiros relatos sobre esse método um tanto peculiar de buscar atores aparecem na imprensa. Durante a preparação de *A doce vida*, as revistas semanais *Oggi* e *L'Espresso* publicam artigos relatando os imprevistos desse *casting*. Sob títulos como "Fellini procura um rosto" ou "Fellini busca atrizes", a imprensa trata de fixar um certo folclore.

Fellini tentará, ele mesmo, restituir a verdadeira emoção que provém das fotos e cartas que recebe aos milhares. Assim, em dezembro de 1972, no número da *Vogue* em que Fellini fez as vezes de redator-chefe, ele reproduz quatro fotos acompanhadas de fragmentos de cartas: "Sou uma jovem de 18 anos ou quase... Você poderia dizer 'mas afinal, ela não é bonita, não é alta, por que então ela quer se tornar atriz?'. Pois bem, não precisa ser a estrela, um papel secundário já está bom. Giulia." Ou ainda: "Outra noite, eu estava sozinha... E aí pensei comigo mesma que eu podia ser a atriz ideal. Cabe agora a você me dar uma chance. Até logo, Theodora C."[22]

Desde seu primeiro filme, Fellini recebe cartas, geralmente acompanhadas de fotos. Cada vez que encontra um figurante em potencial, ele guarda seu retrato e, por vezes, faz uma anotação.

No total, os álbuns de Fellini[23] conservam muitos milhares de fotografias enviadas por atores amadores ou pessoas comuns que reagem diretamente à possibilidade de empatia oferecida pelo cinema.

Em página dupla, a revista *Oggi* encena a busca de atrizes para o novo filme de Fellini, *A doce vida*, 19 de fevereiro de 1959

21. *L'Arc*, Aix-en-Provence, n. 45, 1971, p. 64. **22.** *Vogue France*, número especial editado por Fellini, dez. 1972. **23.** Essa coleção é hoje conservada pelo pequeno museu Fellini, abrigado na Cinecittà e dirigido por Roberto Mannoni, antigo produtor-executivo de Fellini.

"Illustre Penseur, J'ai 38 cm de Tour de Cuisse"

ILLUSTRE PENSEUR...

JE VOUS ÉCRIS...

ADMIRATRICE FERVENTE...

JE SOUSSIGNÉ, J. M. ...

De uma estética espontânea, desprovida dos artifícios habituais reservados aos atores profissionais, essas fotografias tiradas de álbuns pessoais foram escolhidas com atenção.

Nos anos 1960, uma mulher aparece de busto nu, encoberto por um chapelão, lançando um olhar cinematográfico e um sorriso aberto. Dez ou 20 anos mais tarde, que mudança! Agora, o seio se oferece, o olhar provoca. Há também um grupo de amigos que ergue um brinde; são 14, apinhados numa pequena foto em cores, uma flecha vermelha no alto, à esquerda, identificando a mulher que enviou a foto, uma foto estranha, rasgada ao meio. Pode-se perguntar sobre as razões desse gesto. Por que enviar uma foto em que o candidato mal aparece? É como se tudo girasse em torno da ocasião de se mostrar, muito ou muito pouco, o que vem a dar na mesma... Cada uma das fotos testemunha uma iniciativa, conta uma história, é uma viagem ao país da transferência psicanalítica. Para uns, são uma transgressão do cotidiano; para outros, a esperança de uma singularidade sublimada. Hoje reunidas, são a radiografia de uma época da qual Fellini tentou, à custa de muito esforço, reviver o espírito.

A Funny Face Shop, uma loja de rostos engraçados, reaparece então sob outra forma.[24] Não se trata aqui do mundo segundo Fellini: é o mundo tal qual ele se apresenta a Fellini, é o mundo que responde a seu chamado e se julga, com ou sem razão, felliniano.

Chegamos a um novo patamar da semântica das imagens. Uma vez que faz atuar seus figurantes, o diretor cria seu universo; mas quando estes vêm a ele espontaneamente, cada qual parece dizer: *"Fellini, c'est moi!"*. Eles são fellinianos, ao passo que ele é apenas Fellini!

Em *Anotações de um diretor* (*Fellini: A Director's Notebook*, 1969) e, mais tarde, em seu penúltimo filme, *Entrevista*, retoma sua relação com os figurantes. Nesses dois filmes, os candidatos se sucedem no escritório do diretor. Um diz, patético, que uma peruca poderia mudar sua vida, enquanto outro quer vender um quadro, afirmando que o pintor, cujo nome ele esqueceu, é ainda mais importante que Rafael! Tratados de modo burlesco, os equívocos fazem rir, ao passo que a evidência de que são encenações afeta sua autenticidade. Nenhuma dessas tentativas consegue restituir a força da relação que une verdadeiramente o cineasta a seus personagens.

No final de *Anotações de um diretor*, Fellini admite em *off*, com certa humildade:

> Sim, eu sei, posso parecer cínico e cruel, mas não sou nada disso, pois tenho orgulho de todos esses personagens. Eles me perseguem, me acompanham de um filme a outro. São todos um tanto loucos. [...] Dizem que precisam de mim, mas a verdade é que sou eu que preciso ainda mais deles.

Fotos e cartas enviadas a Fellini por amadores que desejavam participar de seus filmes, reproduzidas pela primeira vez no número especial da *Vogue* dedicado a Fellini, dezembro de 1972

24. Em 1981, a editora Diogenes publica *Fellini's Faces*, traduzido para o francês com o titulo de *La Boutique des visages drôles* (Paris: Jade, 1985). A edição francesa brinca com o nome dado à loja de caricaturas de Fellini, a Funny Face Shop. Essa obra é a única a ter explorado os "arquivos fotográficos de Federico Fellini", a inacreditável coleção de fotografias enviadas ao diretor.

UM CINEMA RECURSIVO

Em *Anotações de um diretor*, documentário realizado por encomenda do canal de televisão americano NBC, uma espécie de "Fellini por ele mesmo" que anuncia *Os palhaços* e *Entrevista*, o cineasta desorganiza as regras do gênero e persegue a via biográfica aberta por *8½*. Mas se *8½*, *Roma de Fellini* e *Amarcord*[25] pertencem ao registro da ficção biográfica, *Anotações de um diretor, Os palhaços e Entrevista,* biografias ficcionais, pertencem ao gênero do ensaio documentário. Por meio da ficção biográfica, Fellini buscara se desvendar; por que, agora, não se aproveita por inteiro da circunstância desse documentário que lhe cai nas mãos? Por que toma a contramão do gênero, inserindo nele uma alta dose de ficção? Certamente porque a questão da biografia não era, a seu ver, um assunto, mas uma matéria. Trata-se menos de contar sua própria história e mais de recorrer a um repertório de imagens, de explorar uma matéria cinematográfica. E esse reservatório visual é constitutivo de seu processo de criação.

Segundo uma mecânica manifestamente felliniana, mostrar o cinema em processo de realização torna-se a garantia de uma autenticidade mais forte que o próprio cinema. É como se o dispositivo valesse tanto quanto o resultado, como se fosse preciso mostrar não meramente o campo e o fora de campo, mas a imagem e a fábrica da imagem. É como se o cinema não fosse mais que uma ilusão cujos efeitos devem ser anulados, mostrando o curso de sua produção. Ultrapassar a ilusão, por assim dizer.

Desde *A doce vida*, Fellini superou inteiramente a questão da linearidade da narrativa e se lançou a um trabalho de introspecção. O cinema não deve apenas servir para contar uma história, é preciso interrogá-lo para saber o que ele pode dizer, o que ele pode mostrar, o que ele, finalmente, dá a ver. Por meio dele, organiza-se uma busca pessoal, uma tentativa de compreender a própria história.

Nesses três filmes, com ares de documentário, que balizam a segunda parte de sua carreira (*Anotações de um diretor*, *Os palhaços*, *Entrevista*), Fellini leva a exploração biográfica às últimas consequências, lançando os fundamentos de um cinema recursivo, um cinema chamado a se descrever. Estamos longe da aventura neorrealista vivida ao lado de Rossellini.[26] Nessas tentativas, em que o cineasta interpreta seu próprio papel de diretor,[27] é o cinema que convoca a si mesmo para contar o mundo, afirmando não ser a realidade e nem mesmo a imagem da realidade, mas, segundo um princípio sucessivo de filtros, a projeção da imagem da realidade.[28] O cinema de Fellini não seria, afinal de contas, uma experiência cinematográfica no limite de um cinema autorreferencial, que não para de questionar a relação que nos vincula ao mundo... das imagens?

Federico Fellini, estudo de prostituta

25. Em menor escala, *Os boas-vidas* e *A doce vida* inspiram-se na vida de Fellini, o primeiro contando as errâncias de um grupo de jovens numa cidade do interior, o segundo, as aventuras de um jornalista recém-chegado a Roma. **26.** Nos anos 1940, Fellini ganha a vida como roteirista. Nessa época, é próximo de Roberto Rossellini, com quem colabora em *Roma, cidade aberta* (*Roma, città aperta*, 1945), *Paisà* (1946), *O amor* (*L'Amore*, 1948), *O santo dos pobrezinhos* (*Francesco, giullare di Dio*, 1950) e *Europa '51* (1952). **27.** Fellini mostra-se no ato de filmar numa cena de *Roma de Fellini*, quando vai ao encontro da juventude, ou ainda quando interroga a atriz Anna Magnani. **28.** Num sonho que data do final de maio de 1980, Fellini se desenha filmando ou projetando – é difícil saber qual das duas coisas – a imagem de uma mulher nua e exuberante. Ele nos faz a seguinte confissão: "Essas imagens são mais verdadeiras que a própria verdade!". Cf. FELLINI, Federico. *Op. cit.*, 2007.

A CULTURA POPULAR

...USCITA CHE QUELLA D'IMPLORARE PRESSO LA BUONA MELINA QUELL'AIUTO IN DENARO CHE GLI ERA NECESSARIO.... ED UNA SERA SI RECO' AL TEATRO DOVE LA SUA EX COMPAGNA LAVORAVA IN UNO SPETTACOLO DI VARIETA'.....
Va bene, aspettami!..
Questo vie' a bussa' a quattrini!... Ahò, non fa' la stupida!...
E i soldi li deve caccià Melina, no? ....Ma non te fai schifo?.. E' mejo che me ne vada!...
LO SPETTACOLO ERA TERMINATO, E CHECCO ATTENDEVA IN UN ATTEGGIAMENTO VOLUTAMENTE DISPERATO. ..MELINA LO RAGGIUNSE.
Accidenti, quella cretina delinquente, guarda come ti ha ridotto!! Non stavi meglio con me?.. Perchè te ne sei andato?..
Eeee... è stato... che... non ho potuto!. Ah, non lo so... Mi ha stregato!..Sono venuto da te per un affare, è un investimento di capitali!..
Cretino!..Ed io perchè ti dovrei dare i miei soldi?.. Fatteli dare da quella là!....
No...no...non me li dare!..Non me li merito!..Non merito niente, tanto sono un uomo finito! ..Era l'ultima occasione questa!..
..Tu lo sai, Melina, per me il teatro è la vita!. Io là sopra sono nato, e là sopra debbo morire! Sarebbe stata la mia compagnia questa!.. Dopo trenta anni di palcoscenico sarebbe stata la svolta decisiva della mia vita! E invece debbo ammainare bandiera perchè non ho una lira!...
Prendi, ti do tutto quello che ho!. Ma vattene, sai!. Non farti più vedere!!..
Oh Melina, Melina, grazie!!. Ma io te li restituisco, sai, con gli interessi!.. I primi guadagni saranno tuoi!....
Vattene!... Vattene!!..
CON IL DENARO DI MELINA, CHECCO FORMO' COMPAGNIA CON ELEMENTI RACCOGLITICCI TRA CUI FIGURAVANO IL NEGRO JOHNNY E IL SUO AMICO COW-BOY.... LE PROVE ERANO INIZIATE E LILIANA, NEL RUOLO DI SOUBRETTE, GIA' OSTENTAVA DELLE ARIE DI PRIMA DONNA MENTRE CHECCO ERA SEMPRE PIU' INNAMORATO E SERVILE....
Vi presento Liliana Lilli la soubrette della compagnia!. Liliana, ecco la tua compagnia!
Quello è il manifesto della compagnia! Bello!.. Ma non crede che il mio nome andrebbe prima del suo?....
Sì, dovrebbe andare prima!.. Bè, adesso cominciamo le prove!. Cominciamo da "Una notte a Parigi"..!

AS CARICATURAS, OBRA DA JUVENTUDE

Tendo deixado sua província natal da Emilia-Romagna para tentar a sorte em Roma, Federico Fellini ganha a vida como caricaturista para jornais satíricos. Trabalha sucessivamente no *420*, no *Marc'Aurelio*, no *Il Travaso delle Idee*. São variações sobre um registro escolar, em que a clivagem dos sexos e a comédia da repetição se impõem como mecanismo humorístico. A caricatura é uma arte da deformação que, com poucos traços, permite capturar uma situação, uma atitude, um tema. Com um traço certeiro de lápis, o jovem Fellini põe no papel um universo que já é o seu, um mundo com ar de grande parada, povoada de feições estranhas e de criaturas femininas de formas generosas... Uma receita que ele não hesitará em repetir no curso de sua obra. Paralelamente, Fellini inicia uma carreira de roteirista. Trabalha com Rossellini (*Roma, cidade aberta*, 1945; *Paisà*, 1946; *Europa '51*, 1952), mas também com Pietro Germi (*Em nome da lei*, 1948), Luigi Comencini (*Persiane chiuse*, 1950) e Giorgio Pastina (*Cameriera bella presenza offresi...*, 1951). Em 1950, Fellini codirige seu primeiro filme com Alberto Lattuada: *Mulheres e luzes*. Apesar disso, jamais relegará o desenho. Sempre com alguns lápis no bolso, Fellini se exprime tanto por meio da linguagem como por meio da imagem, desenhando para seus colaboradores as situações que deseja encenar ou, de maneira mais íntima, e já desde os anos 1960, dando forma a seus sonhos.[1]

[p. 21] Página interna da fotonovela a partir de *Mulheres e luzes*, 1950;
[acima] Federico Fellini, "O professor", *Il Travaso delle Idee*, 9 de janeiro de 1947

1. Cf. *Le Livre de mes rêves*, tradução de Renaud Temperini. Paris: Flammarion, 2007, p. 194.

"Os dois camaradas", de Federico Fellini, *Il Travaso delle Idee*, 9 de março de 1947:
"– Camarada, o rádio não funciona.
– Camarada, isso não está escrito no *Unità*!
– Camarada, você tem razão! Venha, Nadia, vamos dançar! Viva os montes Urais!"

"Camareira", de Federico Fellini, *Il Travaso delle Idee*, 4 de maio de 1947:
"– O senhor deseja...?
– E também um copo d'água."

[à esquerda] Federico Fellini, 1940; [página ao lado] Cartaz italiano de *O amor*, de Roberto Rossellini, com roteiro do episódio "O milagre" de Federico Fellini, 1948

Un grande film di
ANNA
MAGNANI
e ROBERTO
ROSSELLINI
Amore
BALLESTER
"LA VOCE UMANA" Jean COCTEAU
"IL MIRACOLO" di Federico FELLINI
CEIAD
Ind. Graf. N.B
Affissione autorizzata per tutta Italia dalla Questura di Milano a norma dell'Articolo 203 - Legge P. S.

A FOTONOVELA

A ascensão da imprensa ilustrada viu nascer um novo gênero: a cinenovela, ancestral da fotonovela. Foi na Itália do pós-guerra que a fotonovela conheceu seu apogeu, quando vendia milhões de exemplares por semana. A primeira versão da história de *Abismo de um sonho* (1952), arquétipo do gênero, é de autoria de Antonioni, que enviou ao produtor Carlo Ponti um manuscrito de cerca de 20 páginas intitulado *Cara Ivan*. Ponti confiou a Fellini e a Tullio Pinelli a redação do roteiro (mais tarde, Pinelli viria a se tornar um dos roteiristas preferidos de Fellini). Porém, Antonioni abandonou o projeto e Fellini foi então escolhido para fazer o filme, assinando assim sua primeira direção solo. A história de *Abismo de um sonho* acompanha Wanda e Ivan, um jovem casal provinciano em viagem de núpcias a Roma que espera obter uma audiência com o papa. Wanda aproveita a estada na capital e a desatenção do marido para fugir a uma programação carregada e visitar o Xeique Branco, o herói de sua fotonovela favorita. Nesse encontro inesperado, toda a extravagância do mundo do espetáculo será revelada a ela. Encontram-se nesse filme as grandes temáticas fellinianas: a cultura popular, pelo viés da imprensa ilustrada e do espetáculo, a religião e seu cerimonial, os provincianos de passagem por Roma...

[abaixo, à esquerda] Brunella Bovo, em cena de *Abismo de um sonho*, 1952; [abaixo, à direita] Alberto Sordi e Brunella Bovo em cena do filme; [página ao lado] Cartaz italiano do filme

FELLIN
BRUNELLA BOV
LEOPOLDO TRIEST
Incanto blu
LO
SCEICCO
BIANCO
STO ALMIRANTE · LILIA LANDI · FANNY MARCHIÒ
DISTRIBUZIONE

MANDRAKE, O MÁGICO

Ao longo de toda a vida, Fellini conservou intacta a paixão pelas *comic strips*, tiras que contam uma história em poucos quadrinhos. A reminiscência dos super-heróis ultrapopulares encontra-se em seus filmes, especialmente com a aparição do personagem Mandrake. Criado em 1934, o herói de Lee Falk é um mágico de *music hall* que encarna, por si só, um dos temas recorrentes em Fellini: o espetáculo popular. O cineasta se lança, repetidas vezes, à adaptação cinematográfica dessas aventuras rocambolescas, mas sem sucesso. É por meio da imprensa que Fellini finalmente porá seu projeto em execução. Convidado especial de um número da *Vogue*, em dezembro de 1972, Fellini concebe, juntamente com os fotógrafos Franco Pinna e Tazio Secchiaroli, uma fotonovela na qual Marcello Mastroianni interpreta o papel de Mandrake. Em *Entrevista* (1987), seu penúltimo filme, construído como falso documentário, assistimos à aparição do velho Mastroianni como Mandrake, agora a serviço da publicidade. Não contente em maltratar a imagem de sua estrela, Fellini questiona-se, no fundo, sobre o valor do cinema medido pelo metro da televisão.

[à esquerda] Marcello Mastroianni caracterizado como Mandrake para número especial da revista *Vogue*, dezembro de 1972; [página ao lado] Fotonovela sobre as aventuras do personagem publicada na revista

CIAO, MON PETIT!
JAI RÉUSSI! LA VOILA, MA BURALISTE! QUATRE-VINGT-QUATRE KILOS DE CHAIR BÉNIE DE DIEU! ET PAS UN OS! N'AI-JE PAS RAISON DE VOULOIR FAIRE CE FILM, MES ENFANTS?
ET MAINTENANT, NARDA, LOTHAR, TIREZ-VOUS! JE M'EN OCCUPE, MOI, DE MON ENFANT!
JE SUIS D'ACCORD AVEC TOI, LOTHAR. CELUI-LA N'EST PAS MANDRAKE!
SOB

FRANCO PINA

A VIAGEM DE MASTORNA

Quando lhe perguntavam sobre seu próximo filme, Fellini respondia: "*Mastorna*". Mas jamais conseguiu realizar a história desse homem que descobre o além. Maldito, o filme foi várias vezes protelado, até ser definitivamente abandonado. No entanto, Dino de Laurentiis aceitara produzi-lo. A um custo alto, Fellini fizera reconstruir em Dinocittà (os estúdios do produtor) a catedral de Colônia, bem como um avião em tamanho real. As primeiras cenas foram rodadas, mas Fellini adoeceu gravemente, e as filmagens foram adiadas. No início dos anos 1990, o jornalista Vincenzo Mollica sugeriu a Fellini que retomasse o projeto. Os dois amigos compartilhavam a mesma paixão pela história em quadrinhos. *Mastorna* não seria mais um filme, mas um álbum! Mollica propôs a Milo Manara que se associasse à aventura, e assim começou uma estranha correspondência entre Mollica, Fellini e Manara. Fellini desenhou uma versão da história sob forma de *story-board*, ao passo que Mollica, equipado com um dos primeiros aparelhos de fax, enviava as pranchas a Manara, no norte da Itália. A troca de mensagens durou algum tempo e, em 1992, a revista *Ciak* publicou, com a assinatura de Fellini e Manara, *Il Viaggio di G. Mastorna, detto Fernet*, uma das últimas realizações de Fellini.

[em cima] Estudo preparatório de Federico Fellini para *Il Viaggio di G. Mastorna*, 1992; [embaixo] Estudo preparatório de Milo Manara; [página ao lado] Edição da história em quadrinhos publicada em *Ciak Racconta*

Registro Stampa Tribunale di Milano n° 713/86
SUPPL. N. 9/'92

CIAK RACCONTA

Federico FELLINI
Milo MANARA

IL VIAGGIO DI G. MASTORNA
DETTO FERNET

AS PARADAS

Símbolo político, atributo da cultura popular ou objeto de riso, Fellini declina a parada em todas as suas formas: do desfile fascista ao desfile de prostitutas ou palhaços... "Nós nascemos com três imagens: o rei, o *duce* e o papa",[2] declarou o cineasta. Dessa época, subsistem em seus filmes o orgulho ridículo das paradas fascistas que atravessam a cena em passo acelerado e uma mistura de fascínio e derrisão diante da igreja. "Adoro a coreografia da igreja católica. Adoro suas representações imutáveis e hipnóticas, suas encenações suntuosas, seus cantos lúgubres, o catequismo, a eleição do novo pontífice, o grandioso aparato mortuário. Os méritos da igreja são os mesmos de qualquer outra criação do pensamento que vise a nos proteger do magma devorador do inconsciente."[3]

[pp. 32-33] Marcello Mastroianni num ensaio para o filme inacabado *Il Viaggio di G. Mastorna*, 1966; [à esquerda] Parada fascista, *Abismo de um sonho*, 1952; [página ao lado] Parada de motociclistas, *Roma de Fellini*, 1972

2. PIERI, Françoise. *Federico Fellini, conteur et humoriste, 1939-1942*. Perpignan: Institut Jean Vigo, 2000, p. 192. **3.** FELLINI, Federico. *Cinecittà*. Paris: Nathan, 1989, p. 105.

OS JANTARES

Aos 19 anos, Fellini vai morar em Roma, numa pensão de família à via Albalonga. À noite, tem por hábito jantar numa pequena *trattoria*. Observa o espetáculo dos devoradores de espaguete de ar gargantuesco que fazem parte do folclore italiano. Quando o tempo permite, as mesas dos restaurantes avançam até a calçada e se tornam pontos de encontro animados. Na cena do jantar de *Roma de Fellini* (1972), o cineasta faz renascer esse ambiente tipicamente romano. "Tudo aqui pertence ao ventre, tudo acaba em ventre. [...] Espetáculo a ser devorado com os olhos, mas também ameaça que vem de todos os olhares, das bocas, das faces, dos corpos transbordantes, ávidos por engolir."[4]

[abaixo, à esquerda] Cena de refeição em Roma de Fellini, 1972; [abaixo, à direita] *La Domenica del Corriere*, 29 de maio de 1955; [página ao lado] Federico Fellini durante a filmagem de *A doce vida*, 1959; [pp. 38-39] Estúdio 5 de Cinecittà, *Roma de Fellini*, 1972

4. COLLET, Jean. *La Création selon Fellini*. Paris: José Corti, 1990.

LA DOMENICA DEL CORRIERE

La battaglia degli obesi. Il torneo che annualmente riunisce a Cavour i pesi massimi del Piemonte si è concluso con una superba affermazione del signor Luigi Favero di Settimo Torinese il quale con i suoi 176 chili ha nettamente battuto ogni concorrente. Dopo la proclamazione del vincitore è seguito un pranzo di oltre cinque ore. Accanto al "re dei grassoni", è la "reginetta", l'attrice Speranza Gorini di Torino. Un quintale e mezzo.

TRATTORIA
CREMERIA

BANCO DI SANTO SPIRITO
BAR

O CIRCO

Fascinado pela cultura popular, Fellini presta homenagem ao circo e ao *music hall* ao longo de toda sua obra, de *Mulheres e luzes* (1950) a *Os palhaços* (1970). Conta a lenda que Fellini, ainda criança, já maravilhado com os saltimbancos, teria fugido para seguir uma caravana circense... "Logo se manifestou em mim uma adesão traumatizante e total àquele tumulto, àquelas músicas, àquelas aparições monstruosas, àqueles perigos mortais. Vi a tenda como uma fábrica de prodígios, um lugar em que se davam coisas irrealizáveis para a maioria dos homens. Quero dizer, enfim, que esse tipo de espetáculo fundado sobre o deslumbramento, a fantasia, a brincadeira desmesurada, a fábula, a ausência de significações intelectuais é, justamente, o espetáculo que me convém."[5]

[acima] Palhaços, *8½*, 1963; [página ao lado] Giulietta Masina no papel de Gelsomina, *A estrada da vida*, 1954

5. PIERI, Françoise. *Op. cit.*, 2000, p. 93.

LA STRADA
PREMIO OSCAR PER IL MIGLIOR FILM STRANIERO NEL 1957
IL CAPOLAVORO DI
FEDERICO FELLINI
Produzione PONTI-DE LAURENTIIS
DINO DE LAURENTIIS

[página ao lado] Cartaz do filme *A estrada da vida*, 1954; [em cima, à esquerda] Richard Basehart e Giulietta Masina em cena do filme; [em cima, à direita] Giulietta Masina e Anthony Quinn em cena do filme; [embaixo, à esquerda] Richard Basehart em cena do filme; [embaixo, à direita] Anthony Quinn em cena do filme

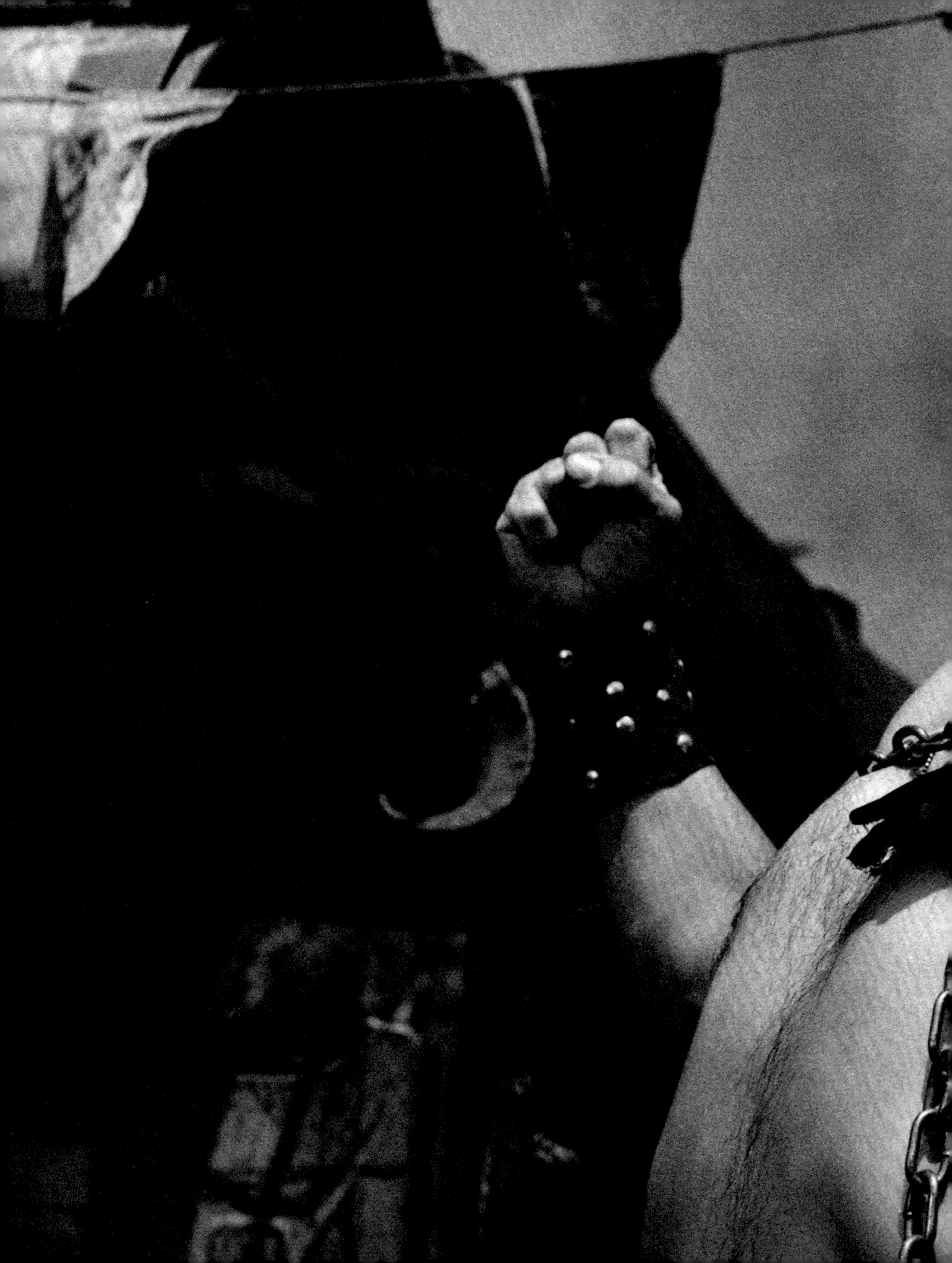

OS TIPOS GROTESCOS

Mas quem são esses tipos estranhos, essas caricaturas vivas que vagam por todos os filmes de Fellini? São os herdeiros da tradição dos tipos grotescos, personagens saídos da *commedia dell'arte*, onde são as partes essenciais do espetáculo. Eles constituem o mundo segundo Fellini, a meio caminho entre o carnaval e o pátio dos milagres. Juntos, formam a grande parada, o *Fellini Circus*.

[pp. 44-45] Fim do Carnaval, *Os boas-vidas*, 1953; [pp. 46-47] Anthony Quinn, *A estrada da vida*, 1954; [à direita] Desenho de Federico Fellini, julho de 1974; [página ao lado] Cena de *Satyricon*, 1969

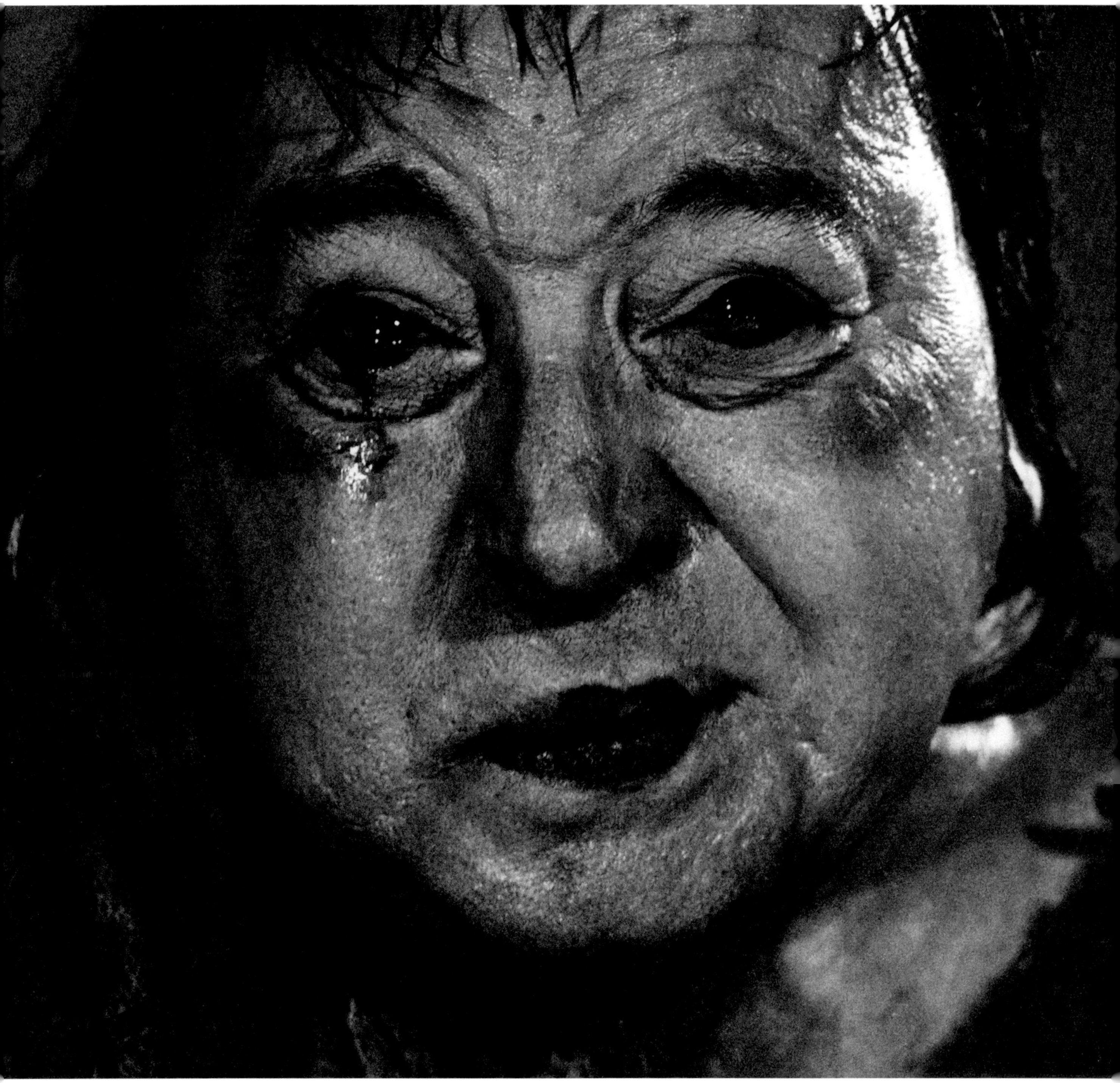

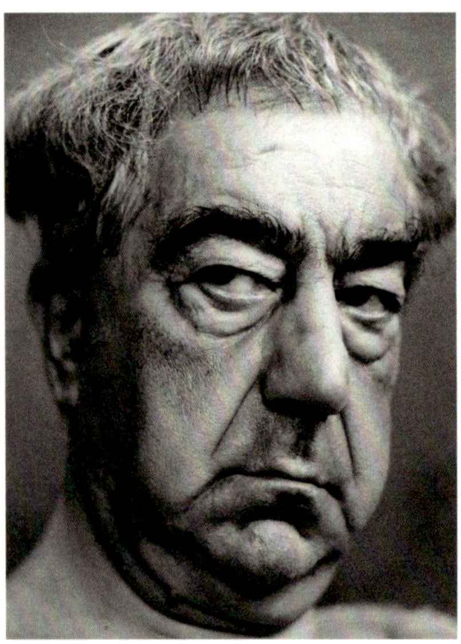

[página ao lado, acima, à esquerda e no meio] *personagens de Satyricon*, 1969; [acima, à direita] "O grande vestido de açúcar", fotografia de Tazio Secchiaroli para o número especial da *Vogue* dedicado a Fellini, 1972; [no centro] personagens de *Ginger e Fred*, 1986; [embaixo, à esquerda] Mario Romagnoli, em cena de *Satyricon*; [embaixo, no meio] Max Born em cena de *Satyricon*; [embaixo, à direita] Federico Fellini, colagem e desenho sobre fotografia, sem data

[nesta página, em cima] Desenhos de Federico Fellini, sem data; [no centro, à esquerda e no meio] Desenhos de Federico Fellini, 1972; [no centro, à direita] Federico Fellini, desenho de Clemente Fracassi, 26 de outubro de 1974; [embaixo] Desenho de Federico Fellini, julho de 1974

A ESCOLHA DO ELENCO

Antes de cada filmagem, Fellini permanece fiel a seu método: "Publico nos jornais um anúncio que diz mais ou menos o seguinte: 'Federico Fellini está à disposição para se encontrar com quem quiser encontrá-lo'. Nos dias seguintes, recebo centenas de pessoas. Todos os loucos de Roma chegam, e a polícia com eles. É um tipo de maluquice surreal, que cria um ambiente muito estimulante. Eu observo cada um com atenção. Roubo um pouco da personalidade de cada visitante. [...] Vejo milhares para escolher dois para o meu filme, mas assimilo tudo. É como se eles me dissessem: 'Olhe bem para nós, cada um de nós é uma peça do mosaico que você está compondo'."[6] A cada entrevista, o figurante potencial deixa uma foto que Fellini guarda preciosamente. Cada rosto é arquivado numa grande pasta verde, segundo uma tipologia bem felliniana: "Rostos interessantes", "Homens exóticos", "Belas mulheres", "Mulheres avantajadas de feições sensuais", "Velhas", "Dançarinas", "Caras ignóbeis", "Moças bem-feitas e meio putas", "Moças ingênuas e engraçadas", "Caras de bichinha", "Palhaços", "Mulheres sofisticadas e fúnebres"! Esse repertório de caras estranhas é o mundo que se oferece a Fellini, aquele que responde a seu chamado, aquele que, bem ou mal, se julga felliniano. O cineasta sabe que lhes deve muito: eles são fellinianos, ao passo que ele é apenas Fellini!

[acima] Fotografia de amadora enviada a Federico Fellini, sem data; [página ao lado] O diretor em seleção de elenco para *Anotações de um diretor*, 1969

6. *L'Arc*. Aix-en-Provence, n. 45, 1971, p. 64.

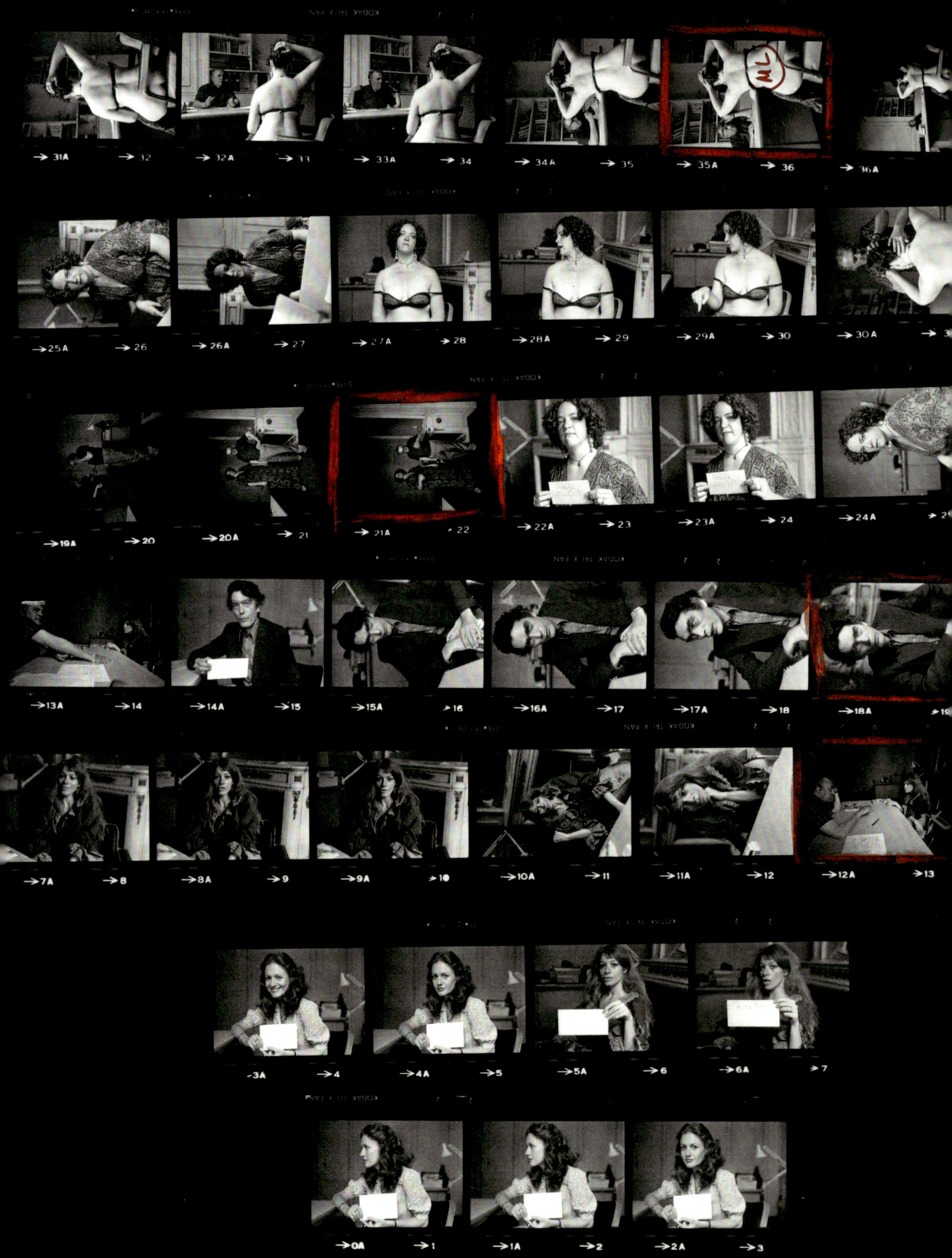
→31A →32 →32A →33 →33A →34 →34A →35 →35A →36 →36A
ML
→25A →26 →26A →27 →27A →28 →28A →29 →29A →30 →30A
→19A →20 →20A →21 →21A →22 →22A →23 →23A →24 →24A
→13A →14 →14A →15 →15A →16 →16A →17 →17A →18 →18A
→7A →8 →8A →9 →9A →10 →10A →11 →11A →12 →12A →13
→3A →4 →4A →5 →5A →6 →6A →7
→0A →1 →1A →2 →2A →3

[página ao lado] Folha de contato para a seleção de elenco de *Casanova de Fellini*, 1976; [nesta página] Fotografias de amadores enviadas a Federico Fellini, sem data

RUGANTINO

Numa noite de novembro de 1958, um jovem aristocrata romano festeja seu aniversário numa boate da moda, Rugantino. Muito frequentada pela juventude dourada, o lugar acolhe também as estrelas do cinema, os escritores, os intelectuais... Nessa noite, Anita Ekberg faz a temperatura subir ao se lançar descalça numa dança endiabrada. Querendo ir além da estrela, Aiché Nanà, uma jovem atriz sedenta de fama, leva o público à loucura, entregando-se a um *striptease* incendiário. O evento causa escândalo. Misturado ao público, Tazio Secchiaroli, um dos primeiros fotógrafos de celebridades, imortaliza a cena, que no dia seguinte vira manchete das revistas. A Itália, inquieta com a decadência de sua alta sociedade, fica indignada. Em plena redação do roteiro de *A doce vida* (1960), Fellini inspira-se no acontecimento para criar a cena do *striptease* da atriz Nadia Gray.

[abaixo] Cenas do *striptease*, *A doce vida*, 1960; [página ao lado, em cima] "A turca nua", *L'Espresso*, 16 de novembro de 1958; [embaixo] *Striptease* de Aiché Nana na boate Rugantino, novembro de 1958

Era una noiosa sera d'autunno e Anita Ekberg ballava con Gerard...

Ad un certo punto Anita, annoiata della festa, si tolse le scarpe...

Anche Aiché Nanà s'annoiava, ma lei non si limitò a togliersi le scarpe...

Vi diamo debitamente censurata la scena di Aiché Nanà che balla sulle giacche dei più bei nomi di Roma; subito dopo intervenne la polizia

IN TRASTEVERE

LA TURCA DESNUDA

La sorveglianza

Una specialista

OS *PAPARAZZI*

Nos anos 1950, os estúdios americanos esforçam-se para reduzir seus custos. Nessa época, Cinecittà, com sua infraestrutura aperfeiçoada e mão-de-obra competente e barata, representa uma oportunidade comercial para as grandes produções hollywoodianas. Em poucos anos, os gigantes do cinema avançam sobre o lugar, trazendo consigo uma enfiada de estrelas, namoricos de todo tipo, escândalos a granel. Roma, então, é rebatizada de Hollywood-sobre-o-Tibre. Ao mesmo tempo, nasce a imprensa marrom – jornais sensacionalistas nutridos por escândalos capturados no calor da hora. A via Veneto torna-se campo de jogo para um novo gênero de fotógrafos, sempre à espreita de um furo ou de uma imagem roubada a uma estrela. São fotografias vendidas a preço de ouro e que fazem as manchetes das revistas à busca de escândalos. Em *A doce vida,* Fellini põe em cena essa sociedade do espetáculo e se diverte com esse jogo de aparências. Tazio Secchiaroli, o mais conhecido dos fotógrafos de então, serve de modelo para que Fellini molde o personagem de Paparazzo, o fotógrafo do filme, interpretado por Walter Santesso. Cinquenta anos mais tarde, *A doce vida* tornou-se um filme *cult,* e o termo *paparazzo* entrou para o vocabulário cotidiano.

[pp. 58-59 e 60-61] *Striptease* de Nadia Gray, *A doce vida*, 1960; [página ao lado] Os *paparazzi* na chegada de Sylvia (Anita Ekberg), *A doce vida*, 1960; [pp. 64-65] Sandro Simeoni, cartaz do filme

Federico
CO-PRODUZIONE
RIAMA FILM
PATHE CONSORTIUM CINEMA PARIGI
Vecchioni & Guadagno - Via del Casale de Merode 8 - Roma, 1959
LA DOL
TOTALSCO

Fellini
SYMEONI
BAR
ROMA 778906
E VITA
DISTRIBUZIONE
CINERIZ
DEPOSITATO DALL'A. T. C.

LA BELLA ASSEDIATA
L'Espresso

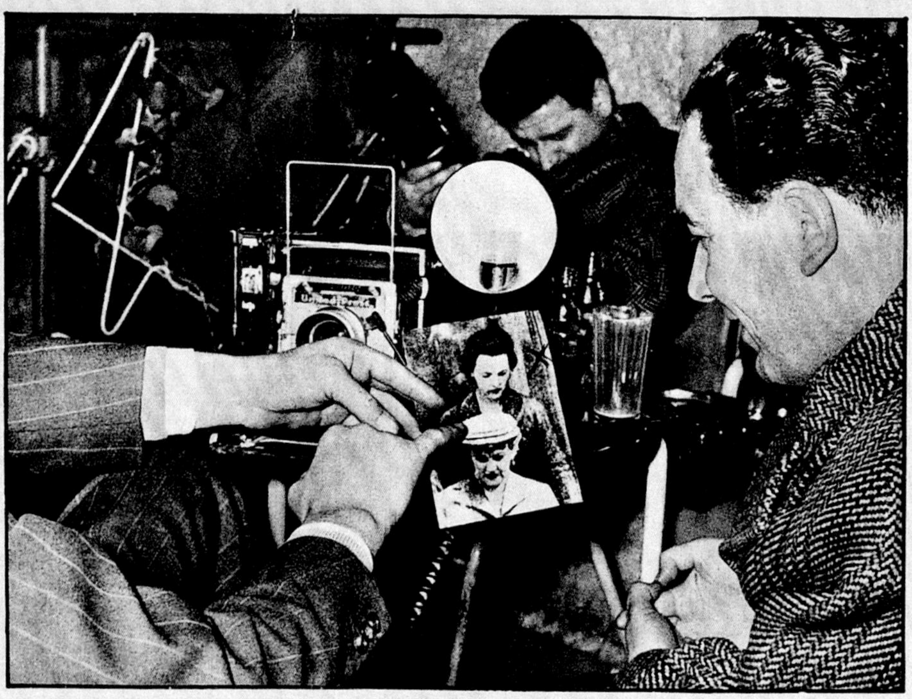

Da una settimana la sign[illegible] Payne si difende a pat[illegible]

ROMA. — Da martedì 5 febbraio Marion Payne, la donna per cui la mog[illegible] dello scudiero di Filippo di Edimburgo Michael Parker avrebbe chiesto [illegible] divorzio, è assediata in un appartamento al settimo piano di via Mancinelli 3[illegible] Decisa a non farsi fotografare e tanto meno a parlare coi corrispondenti i[illegible]glesi, Marion Payne non ha neppure osato, da allora, affacciarsi a una fin[illegible]stra: operatori con teleobiettivi vigilano infatti anche sui balconi della ca[illegible] di fronte. L'unico movimento di Marion Payne è stato di trasferirsi dopo d[illegible] giorni, dalla casa del suo ospite Wolfang Beitling, impiegato presso una im[illegible]presa di costruzioni, in quella di Bruno Touschek, un matematico austria[illegible] amico di Beitling, sposato con un'inglese, che abitano sullo stesso pianero[illegible]tolo. Sperava probabilmente di confondere gli assedianti, ma il blocco non [illegible] stato tolto. Inutilmente Touschek, armato di una racchetta da tennis e di u[illegible] sporta di patate, li bombarda dalla finestra. Il bar di via Mancinelli, base d[illegible] reporters inglesi, è una centrale di telefonate internazionali. In un solo gio[illegible]no Peter Stewart, del "Daily Sketch", è stato chiamato da Londra dodici volt[illegible]

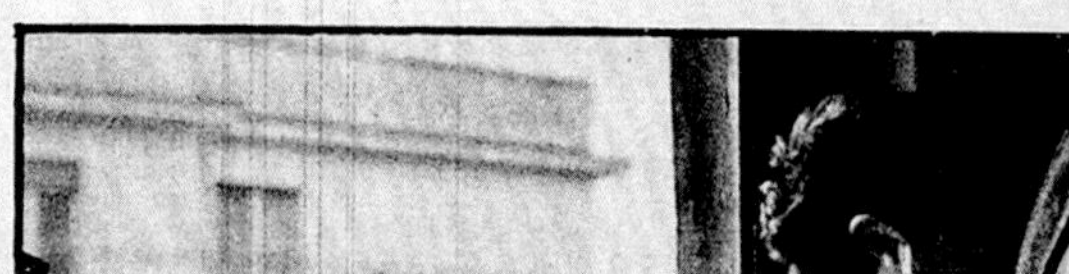

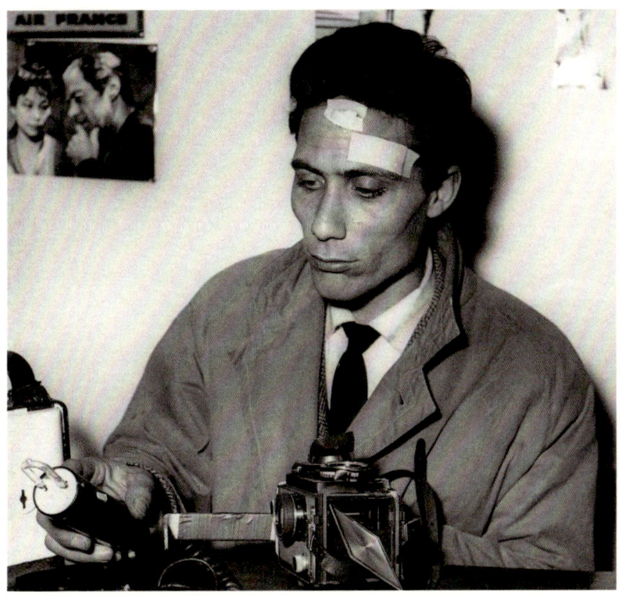

[página ao lado] Os fotógrafos em ação, *L'Espresso*, 17 de fevereiro de 1957; [nesta página, em cima] Anita Ekberg e seu marido Anthony Steel perseguindo um fotógrafo, 15 de agosto de 1958; [no centro] O ator Walter Chiari perseguindo Tazio Secchiaroli, 1958; [embaixo, à esquerda] Os fotógrafos em plena ação, década de 1950; [embaixo, à direita] Fotógrafo com câmera quebrada, década de 1950; [pp. 68-69] Anouk Aimée e dois fotógrafos da via Veneto, *A doce vida*, 1960

per signora
massaggi

AS TENTAÇÕES DO DOUTOR ANTÔNIO

Anita Ekberg despertara novamente as paixões em *A doce vida*. Um ano depois, Fellini lhe propõe um papel estranho em um episódio de um novo filme, "As tentações do doutor Antônio". A atriz aparece deitada, o busto generoso, num gigantesco cartaz publicitário, convidando o passante a beber mais leite. O cartaz está instalado num terreno baldio diante dos novos edifícios do bairro em que se realizara a Exposição Universal de Roma, construídos sob o regime do *duce*. Esse "atentado ao pudor" dispara a fúria de um morador local, o puritaníssimo doutor Antonio. Indignado com a ofensa à moral, ele se lança a um combate para obter auxílio da censura. Mas a bela criatura desce do cartaz e tenta seduzi-lo... Fellini explora de novo o argumento dos bons costumes ameaçados pelas imagens do mundo moderno, tema já tratado em *A doce vida*.

[à esquerda] Cena de "As tentações do doutor Antônio", episódio do filme *Boccaccio '70*, 1962; [página ao lado] Peppino de Filippo, em cena do episódio

AS PARÓDIAS PUBLICITÁRIAS

Ginger e Fred (1986) quer ser uma longa diatribe contra a televisão privada, que não oferece mais que espetáculos medíocres ao público. "Para mim, a televisão não tem nada a ver com o cinema, ela reduz, aniquila os filmes, e, de resto, não creio que exista um estilo televisivo. [...] A televisão é um aparelho doméstico, ela não pode reproduzir as imagens de um autêntico cineasta."[7] Em forma de paródia, Fellini realiza falsas chamadas publicitárias e cartazers extravagantes que dissemina em seus filmes. O cineasta põe a mira na televisão e lança um olhar crítico sobre esse novo mundo em que tudo se vende a grandes doses de publicidade. Esse é também um período de transição, quando o governo italiano se lança à privatização de canais públicos e quando um certo Silvio Berlusconi constrói as bases de um poderoso grupo de mídia. O homem de negócios não tardará a instaurar os intervalos comerciais durante os filmes, suscitando a fúria de Fellini.

[abaixo e na página ao lado] Falsos cartazes publicitários, *Ginger e Fred*, 1986

7. CIMENT, Ciment. "Entretien avec Federico Fellini". *In: Federico Fellini, Positif*, Paris, Rivages, número especial da revista, 1988, p. 113.

HABITAT
HAB
OFFERTA SPECIALE
OFFERTA SPECIALE
OFFERTA SPECIALE

MEMORIA
MEMORIA
MEMORIA

OS SÓSIAS

Nos anos 1940, Ginger e Fred apresentavam um número de ares cinematográficos: a imitação de Fred Astaire e Ginger Rogers transformara-os em estrelas aclamadas de *music hall*. Quarenta anos mais tarde, já esquecidos pelo público, só restou a televisão para convidá-los para um retorno à ribalta, misturados a uma trupe de anões, a uma amante de extraterrestres ou a um ex-padre – representado pelo fotógrafo Jacques-Henri Lartigue... Em meio a essa multidão felliniana, distingue-se uma incrível coleção de sósias, como para assinalar que a televisão não é mais uma cópia pálida e que o original segue sendo o cinema! Para recrutá-los, Fellini organizava sessões minuciosas de seleção de elenco, com ajuda de Deborah Beer, sua fotógrafa de cena. São sósias de vedetes do cinema: duas amostras de Woody Allen, um Kojak, uma Marlene Dietrich, uma Brigitte Bardot... Fellini entrará também pela literatura, com sósias de Marcel Proust e Franz Kafka...

[abaixo e na página ao lado] Seleção de sósias para *Ginger e Fred*, 1986: da esquerda para a direita, Marcel Proust, Kojak, Franz Kafka e Marlene Dietrich

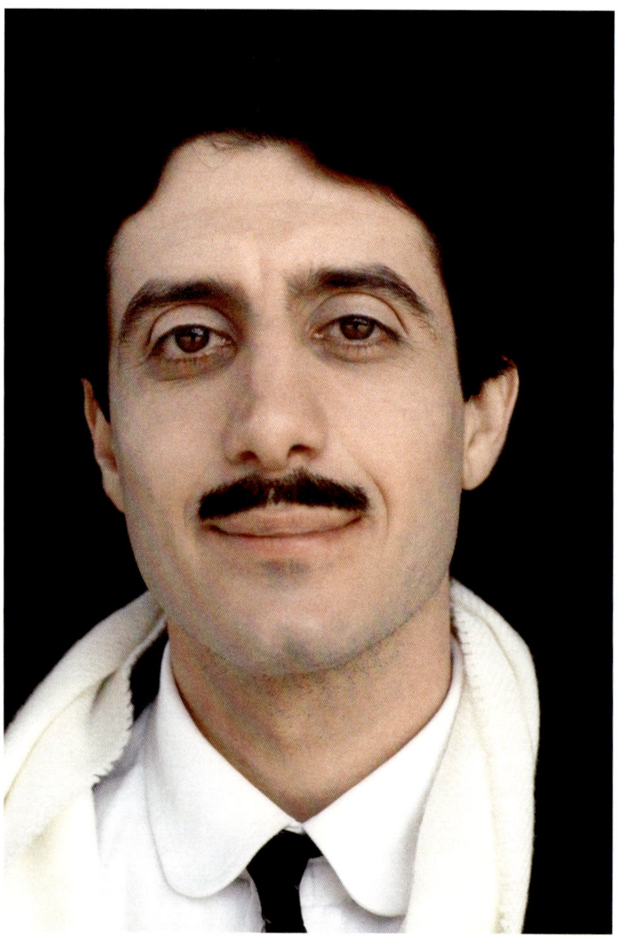

FELLINI EM AÇÃO

OS ROTEIRISTAS

"Tenho medo dos roteiros. Odiosamente indispensáveis. Para trabalhar, preciso estabelecer com meus colaboradores uma cumplicidade de colegas de escola, as mesmas recordações, os mesmos gostos, as mesmas brincadeiras, uma atmosfera de contestação, de derrisão do trabalho que pretendemos fazer. Contra o filme. Com os roteiristas que trabalharam comigo, tive sempre a sorte de conquistar essa camaradagem de escolares: de Tullio Pinelli a Ennio Flaiano, de Zapponi a Rondi e Tonino Guerra. Quando tenho uma ideia do que poderia ser um novo filme, falo a respeito com eles, como se contasse alguma coisa que meio entrevi, meio sonhei, que [...] aconteceu de verdade a alguém que eu conheço ou até a mim mesmo."[1] Em 1956, Pier Paolo Pasolini colabora, a pedido de Fellini, com o roteiro de *Noites de Cabíria* (1957). Fellini havia lido seu primeiro romance, *Ragazzi di vita*, e fizera amizade com o poeta. O cineasta já trabalhava com os roteiristas Flaiano e Pinelli, mas pensou em Pasolini para insuflar uma cor especial a cenas tipicamente romanas, bem como para dar corpo às personagens das prostitutas e de seus cafetões. "Inventei, em particular, o personagem do tio paralítico", lembra Pasolini, "que vai ao santuário do Divino Amor. É um episódio verdadeiro, do qual ouvi falar. Um cafetão corcunda leva as moças que protegia ao Divino Amor. É ele que carrega o tio paralítico. Mas como o milagre não acontece, o tio cai no chão e se machuca."[2]

[página anterior] Federico Fellini na filmagem de *8½*, 1963; [abaixo, à esquerda] Federico Fellini, caricatura de seu roteirista Ennio Flaiano, sem data; [abaixo, à direita] Ennio Flaiano, Federico Fellini e Giulietta Masina, na filmagem de *Noites de Cabíria*, 1957; [página ao lado, em cima] O roteirista Tullio Pinelli e Federico Fellini, *c.* 1955; [embaixo] Pier Paolo Pasolini e Federico Fellini, na filmagem de *Noites de Cabíria*, 1957

1. FELLINI, Federico. *Faire un film.* Paris: Seuil, 1996, p. 248. **2.** Entrevista para a televisão belga, direção de André Delvaux, 1961.

OS FIGURINOS

"No começo de cada um de meus filmes, eu passo grande parte do tempo em minha mesa de trabalho, rabiscando bundas e peitos. É uma maneira de começar o filme, de decifrar por meio de rabiscos."[3] "Depois, esses esboços, essas pequenas notas vão também acabar nas mãos de meus colaboradores; o cenógrafo, o figurinista, o maquiador servem-se deles como modelos para encaminhar seu próprio trabalho."[4] Piero Gherardi é o grande cenógrafo e figurinista com quem Fellini colabora em *Os boas-vidas* (1953), *Noites de Cabíria* (1957), *A doce vida* (1960), *8½* (1963) e *Julieta dos espíritos* (1965). Consagração suprema, Piero Gherardi ganha dois Oscars em Hollywood pelo figurino de *A doce vida* e, mais tarde, de *8½*. A primeira colaboração entre Fellini e Gherardi remonta ao ano de 1948, quando participam do filme de Alberto Lattuada, *Senza pietà*. Essa cumplicidade continuaria por mais de 20 anos. Lembrando a importância do figurinista, Fellini declarou: "Eu tendo a reforçar, por meio da maquiagem e do figurino, tudo que pode pôr em evidência a psicologia do personagem".[5]

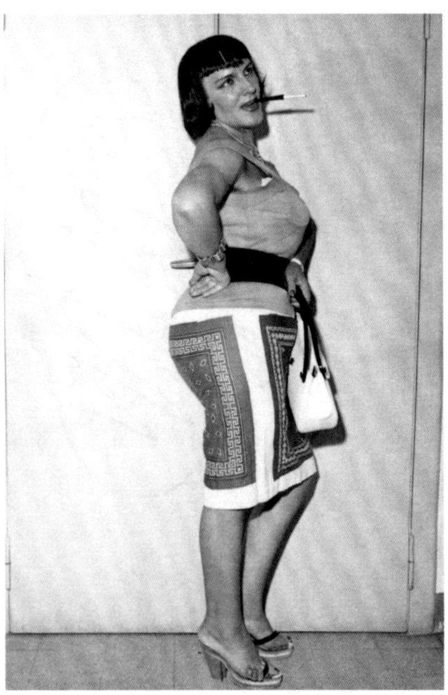

[página ao lado e abaixo] Pina Gualandri, ensaio de figurino para o papel da prostituta Mathilde, *Noites de Cabíria*, 1957

3. FELLINI, Federico. *Fellini par Fellini. Entretiens avec Giovanni Grazzini.* Paris: Calmann-Lévy, 1984, p. 12. **4.** *Ibidem*, p. 13. **5.** FELLINI, Federico. *Cinecittà. Op. cit.*, p. 49.

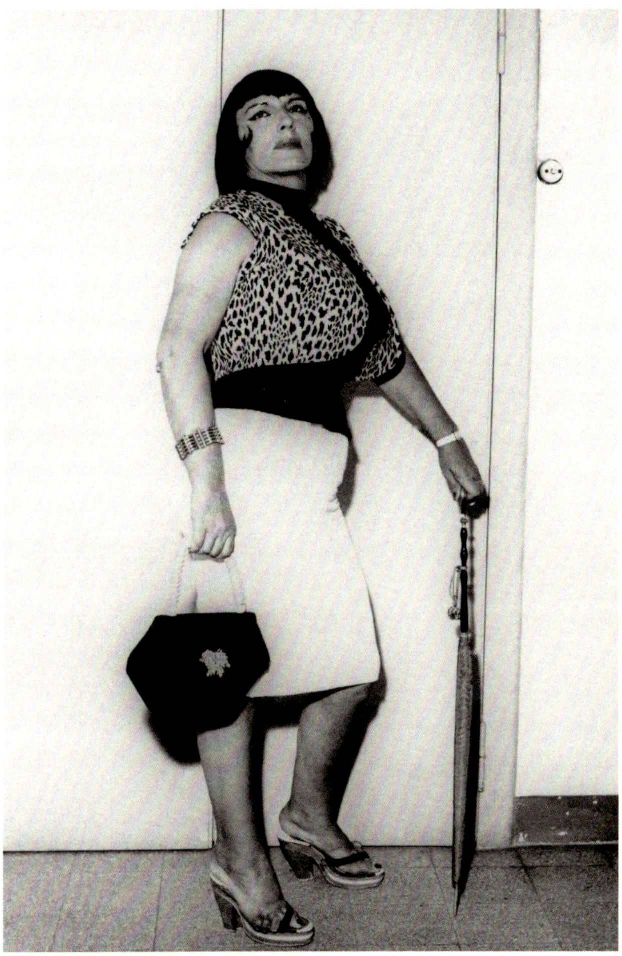

[página ao lado, à esquerda] Federico Fellini, desenho de Giulietta Masina vestida de Gelsomina, personagem de *A estrada da vida*, sem data; [à direita] desenho de Federico Fellini preparatório para o figurino e o penteado de Cabíria, *c.* 1957; [acima] Giulietta Masina em prova de figurino para o papel de Cabíria, *Noites de Cabíria*, 1957

ATRÁS DA CÂMERA

"Não sei olhar para as coisas com distanciamento, através da câmera, por exemplo. [...] Não quero nem saber da lente objetiva. Tenho que estar no meio das coisas. Tenho necessidade de conhecer tudo sobre todos, de fazer amor com tudo que está a meu redor."[6] "Estamos no mesmo barco, eu e a trupe, enquanto a filmagem dura; depois, podemos nos separar como se jamais tivéssemos nos conhecido, como um exército de mercenários recrutados por um outro príncipe, sob risco de reconstituir a mesma ligação um ano mais tarde, com a mesma intensidade. Adoro tudo isso: é a forma mais alta de minha sociabilidade."[7] Durante toda a carreira, os filmes de Fellini receberam 24 indicações ao Oscar, ganhando oito deles: quatro de melhor filme estrangeiro (*A estrada da vida*, em 1957, *Noites de Cabíria*, em 1958, *8½*, em 1964, e *Amarcord*, em 1975), três de melhor figurino (*A doce vida*, com figurino de Piero Gherardi, em 1962, *8½*, com figurino do mesmo Gherardi, em 1964, e *Casanova de Fellini*, com figurino de Danilo Donati, em 1977) e um pelo conjunto de sua carreira, em 1993.

[à esquerda] Federico Fellini escreveu em sua câmera: "Não esqueça que este é um filme cômico", *8½*; [página ao lado] Federico Fellini olhando pela câmera, sem data

6. *L'Arc*, n. 45, 1971, p. 30. **7.** FELLINI, Federico. *Cinecittà*. *Op. cit.*, p. 113.

122

CINECITTA
MITCHELL

[pp. 86-87] Filmagem de *A cidade das mulheres*, 1980; [acima, à esquerda] Federico Fellini na década de 1960; [acima, à direita] O diretor na filmagem de *8½*, 1963; [embaixo, à esquerda] Marcello Mastroianni, *8½*, 1963; [embaixo, à direita] Federico Fellini na filmagem de *Noites de Cabíria*, 1957; [página ao lado, à esquerda, em cima, e à direita, embaixo] Federico Fellini em ação, sem data; [à esquerda, embaixo] O diretor na filmagem de *Satyricon*, 1969; [à direita, em cima] Fellini durante a filmagem de *8½*, 1963

A DIREÇÃO DE ATORES

Quando roda uma cena, Fellini busca obter de seus atores uma atitude, uma emoção. Nessa etapa da fabricação de um filme, a palavra lhe interessa pouco, uma vez que o cineasta não é adepto da captação direta do som. Prefere que os atores contem, em vez de recitar o texto: "Conte até seis, lentamente, e com amargura, depois continue até 29, mas agora com um tom de desdém".[8] "Introduzo os diálogos no filme depois da filmagem. O ator atua melhor assim, sem a preocupação de lembrar o texto. Ainda mais porque trabalho muitas vezes com pessoas que não são atores, e, para que sejam naturais, deixo que falem o que costumam dizer na vida cotidiana."[9] O verdadeiro trabalho sobre os diálogos tem início na pós-produção, fase em que Fellini não hesita em fazer um *casting* atrás das vozes que melhor combinam com os personagens.

[acima] Federico Fellini e Eddra Gale no papel de Saraghina, *8½*, 1963; [página ao lado] Federico Fellini, Marcello Mastroianni e Anouk Aimée durante a filmagem de *8½*, 1963

8. VOLTA, Ornella. "Le Film que Fellini ne tourne pas". In: *Federico Fellini, Positif*, Paris, Rivages, número especial da revista, 1988, p. 76. **9.** *L'Arc*, n. 45, 1971, p. 66.

[abaixo] Federico Fellini ensaiando com Marcello Mastroianni, *A doce vida*, 1960; [página ao lado] Marcello Mastroianni em cena de *A doce vida*, 1960

O ESTÚDIO 5

"O cinema é feito de imagens. A imagem se ajusta por meio da luz e é essa luz que cria a imagem. Nesse sentido, creio que o cinema tem de fato uma relação estreita com a pintura e, portanto, com a luz. Num estúdio, a luz pode ser comandada, controlada, modelada, você pode se exprimir por meio da luz; fora do estúdio, isso fica mais difícil. [...] Acho que o estúdio é o lugar em que as imagens que vimos em imaginação podem ser realizadas, com controle de tudo, exatamente como faz um pintor com seu pincel sobre uma tela. [...] Na medida em que a expressão cinematográfica é verdadeiramente um artifício, uma ficção, é normal que se tenha a tendência a produzir todos os filmes em estúdio. Artifício e ficção ganham aí mais precisão, mais verossimilhança, mais fidelidade à imagem fantástica que temos em mente."[10] "A via Veneto, construída por Piero Gherardi, reproduzia nos mínimos detalhes a real, com uma exceção: não era em declive. Durante a filmagem, eu me habituei tanto a ela que minha aversão pela via Veneto tal como era na realidade aumentou ainda mais [...]. Agora, quando passo na frente do Café de Paris, não consigo reprimir a sensação de que a verdadeira via Veneto era aquela construída no estúdio 5 de Cinecittà [...]. Além disso, tenho a sensação irresistível de exercer nessa rua a mesma autoridade despótica de que eu gozava na artificial. Um caso complicado, vou ter que falar disso com alguém que entenda de psicanálise."[11]

Nasci à beira-mar; tive diante dele minhas recordações mais magnéticas: o que ele evoca para mim agora é um mistério reconfortante, uma ideia de permanência, de eternidade, de elemento primordial.[12]

[acima] Mar artificial, *Casanova de Fellini*, 1976; [página ao lado] Mar artificial, *E la nave va*, 1983

10. GILLI, Jean. "Ce mot magique, Cinecittà – Entretien avec Federico Fellini". *In: Federico Fellini, Positif*, Paris, Rivages, número especial da revista, 1988, pp. 179-180. **11.** FELLINI, Federico. *Cinecittà. Op. cit.*, p. 122. **12.** AGEL, Geneviève. *Les Chemins de Fellini*. Paris: Cerf, 1956, p. 94.

AIR INDIA
AIR INDIA
AIR INDIA
A. DE. SA
LE FIORI
Giocattoli

O HELICÓPTERO

Há um precedente da célebre cena de *A doce vida*, na qual um helicóptero transporta pelos ares uma estátua de Cristo. Na verdade, quatro anos antes do lançamento do filme, um cinejornal católico, datado de 1 de maio de 1956, filmou um helicóptero aterrisando na piazza del Duomo, em Milão, enquanto um cortejo solene vem trazendo uma estátua de Cristo e a amarra solidamente ao aparelho. Levando seu estranho passageiro, o helicóptero – um Bell 47, o mesmo modelo usado em *A doce vida* – levanta voo rumo ao Vaticano, sob a ovação da multidão. Ironia do destino, a cena de abertura do filme, tão felliniana, foi motivo de censura na Espanha, a tal ponto se julgou que seu propósito era blasfematório! "Nunca tive a intenção de corrigir os costumes. Minha natureza não é a de um moralista. As interpretações do filme [*A doce vida*] como espelho dos tempos, como afresco severo, documento e processo de toda uma sociedade, certamente não vieram de mim. Para mim, *A doce vida* é tão-somente o relato de peregrinações noturnas e diurnas de um jornalista sem envergadura."[13]

[pp. 96-97] Reconstituição em estúdio da via Veneto, *A doce vida*, 1960; [página ao lado] Helicóptero transportando uma estátua de Cristo, *A doce vida*, 1960; [pp. 100-101] Cristo dos abismos e acidente de helicóptero nos Alpes, ilustrações publicadas em *La Domenica del Corriere*, 14 de setembro de 1958

13. FELLINI, Federico. *Cinecittà. Op. cit.*, p. 39.

CIE

Omaggio al Cristo degli Abissi. Nel quarto anniversario della posa sul fondo della splendida baia di San Fruttuoso (Genova) della grande statua dedicata al Redentore, gruppi di uomini-rana hanno compiuto un singolare pellegrinaggio sott'acqua. Dopo aver ascoltato la Messa, celebrata a bordo di una grande imbarcazione, i sommozzatori, professionisti o dilettanti, appartenenti questi a gruppi sportivi, si sono tuffati in acqua. Alcuni di essi portavano corone di alloro, altri stringevano specie di torce da cui salivano verso la superficie fumo e bolle d'aria. (Disegno di W. Molino)

LA DOMENICA DEL CORRIERE

Supplemento settimanale illustrato del nuovo CORRIERE DELLA SERA - Spedizione in abbonamento postale - Gruppo 2°

Anno 60 — N. 37 | 14 Settembre 1958 | L. 40.—

Sciagura aerea sul Bianco. Un elicottero, levatosi in volo dall'aeroporto di Le Fayet (Chamonix), volava sul ghiacciaio del Gigante, a oltre 3000 metri di quota. Improvvisamente il pilota, Jean Washer, esperto di alta montagna, puntò verso la linea della funivia del Monte Bianco che in quel tratto, tra il Gros Rognon e il Petit Flambeau, corre a 200 metri di altezza sui ghiacci, e si abbassò per passarvi sotto. Purtroppo l'elica andò a urtare contro il cavo telefonico spezzandosi. L'apparecchio precipitava. Accorsero sul luogo del sinistro due sciatori di Courmayeur. Ma il pilota e i tre passeggeri, due giovani coniugi di Saint-Didier (Parigi) e un ferroviere di Montenvers, erano morti. (Dis. di W. Molino)

ACID ADED ASMU LHE RES

ANITA EKBERG

Nos anos 1950, a *pinup* encarna, ao mesmo tempo, a evolução dos costumes e a ascensão de uma certa imprensa masculina. Graças ao mundo moderno e à nova relação com a imagem que ele estabelece, uma beleza mais opulenta passa a ser suficiente para se alcançar a celebridade. Na linha dos *sex symbols*, Marilyn Monroe ganha de todas, apesar da concorrência de Brigitte Bardot, Jane Mansfield ou Anita Ekberg. *Cover girl*, Anita Ekberg é uma dessas beldades esculturais, sobre as quais Bob Hope, seu parceiro em *Férias em Paris*, pronunciou a tirada: "Anita Ekberg? Os pais dela é que deviam ganhar o prêmio Nobel de arquitetura!" Eleita *miss* Suécia em 1950, ela começa uma carreira no cinema e figura na capa das revistas por toda uma década. Fellini a escolheu para *A doce vida* por sua imagem de *pinup*. O diretor pediu que ela usasse seu próprio nome no filme, mas ela se recusou. Assim, foi rebatizada como Sylvia. "Ela era de uma beleza sobre-humana. Vi seu retrato pela primeira vez numa revista americana: meu Deus, pensei, faça com que eu não a encontre jamais! Esse sensação de encantamento, de pasmo arrebatador, de incredulidade que experimentamos diante das criaturas excepcionais, como a girafa, o elefante, o baobá, eu o experimentei alguns anos mais tarde, no jardim do Hôtel de Ville, em Paris, quando eu a avistei vindo em minha direção..."[1]

[p. 103, acima, à esquerda e página ao lado] Anita Ekberg, *A doce vida*, 1960; [acima, à direita] Anita Ekberg, "As tentações do doutor Antônio" (*Boccaccio '70*), 1962

1. FELLINI, Federico. *Cinecittà*. *Op. cit.*, pp. 113-115.

How Rock 'n' Roll Breeds Venereal Disease!

PDC

WHISPER

March 25c

ANITA EKBERG and the WILD PARTY THAT SHOOK ROME

With Pictures No One Dared Publish

THE HIGH COST OF LOVING THE GABOR GIRLS

[página ao lado e acima] Anita Ekberg, capas de revistas, diversas datas

Sonho de 24 de outubro de 1965

(transcrição do texto no verso do desenho acima)

Desce a trave da passagem de nível. Freio o carro, que para obliquamente. Anita está ali, os seios aumentados por uma cirurgia estética (como a de P.). Eu brinco com uma criança (ou será uma boneca?) pequena (de silhueta igual à que estava nas mãos do médico que entrava dançando no escritório da senhora Bernhard?), jogo-a de um lado para outro, faço de conta que vou jogá-la para dentro do carro... E, enquanto brinco com a boneca, enquanto Anita brinca com seus seios novos, um vagão carregado de trigo verde vai se distanciando, do outro lado da passagem de nível, com um movimento lento e regular...

Será uma ideia de filme novo que nasce e logo desaparece com minhas eternas tergiversações neuróticas? Será uma nova atitude psicológica, que não sei como amadurecer? Por que estão levando embora o trigo verde? Quando voltarei a vê-lo? Quando poderei colher as espigas maduras?[2]

[página ao lado] Federico Fellini, *O livro dos sonhos*, sonho de 24 de outubro de 1965 (detalhe); [acima] Federico Fellini, desenho de Anita Ekberg destinado ao cenógrafo Piero Gherardi, *A doce vida*, 1960

2. FELLINI, Federico. *Il Libro dei sogni*. Milão: Rizzoli, 2007 (*Le Livre de mes rêves*. Paris: Flammarion, 2007).

FELLINI, CINEASTA CATÓLICO?

O neorrealismo, cinema engajado, faz eco aos problemas econômicos e sociais de uma Itália em plena reconstrução. A crítica neorrealista, encabeçada por Zavattini, ataca publicamente Fellini. Rotulado "cineasta católico" por conta de *A estrada da vida*, apoiado pela igreja, Fellini sofre as acusações de uma esquerda que se indigna ao vê-lo abandonar os preceitos do neorrealismo. De fato, seu cinema dos anos 1950 aborda, a partir de então, o tema do destino individual. *A estrada da vida* (1954), *A trapaça* (1955) e *Noites de Cabíria* (1957) foram muitas vezes qualificados de "filmes de redenção". Evocam, sobretudo, a busca da salvação, um certo tipo de entrega que salvará a alma dos protagonistas. Fellini fala "de uma força irresistível e providencial, inata em nós".[3] Dividido entre uma cultura católica onipresente e seus próprios desejos de homem livre, ele escreve em 1957 a um padre jesuíta: "Cabíria, a última das minhas criaturas, tão frágil, terna e infeliz depois de tantos infortúnios e depois da ruína de seu sonho ingênuo de amor, ainda acredita, apesar de tudo, no amor e na vida. Uma explosão lírica sobre um tom musical, uma serenata cantada no meio do bosque encerra este meu filme mais recente; ele é carregado de drama, porque, no final, Cabíria carrega em seu coração o segredo de uma graça que ela descobriu. Não se deve tentar definir a natureza dessa graça; é mais delicado deixar a Cabíria a felicidade de nos dizer, enfim, se essa graça é seu encontro com Deus."[4]

[à esquerda] Cena do filme *A estrada da vida*, 1954; [página ao lado] Giulietta Masina em cena do filme

3. RENZI, Renzo. *Premier Plan*, n. 12, 1960, p. 39. **4.** FELLINI, Federico. *Les Propos de Fellini*. Paris: Buchet/Chastel, 1980, p. 97.

AS OBSESSÕES FEMININAS

Em Fellini, de um filme a outro, as obsessões femininas se sucedem e se entrebatem. Formam uma grande família, junto à qual o cineasta se sente à vontade. A ninfomania de Saraghina, em *8½* (1963), lembra estranhamente a de Volpina, em *Amarcord* (1973), a potência mamária da dona da tabacaria no mesmo *Amarcord* quase se confunde com a da granjeira de *A cidade das mulheres* (1980), e assim por diante. "A Saraghina de *8½* é uma representação infantil da mulher, uma entre mil diversas expressões em que uma mulher pode se personificar. É a mulher rica, uma feminilidade animal, imensa, insaciável ao mesmo tempo que provedora, tal como a vê um adolescente faminto de vida e de sexo, um adolescente italiano bloqueado e travado pelos padres, pela igreja, pela família e por uma educação desastrosa. Um adolescente que, buscando a mulher, imagina e deseja uma que seja uma grande quantidade de mulheres."[5]

Sonho de setembro de 1963

P. havia se tornado um meio de transporte enorme, muito confortável; estou estendido sobre sua vasta barriga branca, gloriosamente agarrado a suas enormes tetas, que se erguiam diante de mim como colinas redondas; seu grande corpo macio, mais largo que a estrada sobre a qual ela se deita completamente nua, desliza devagar, como um navio branco. Suas ancas tocam as fachadas das casas: "Ah, que alegria! Que festa!", digo em voz alta. "As ancas de minha fabulosa porca gorda aumentaram ainda mais! Que maravilha! Como é bom estar aqui em cima!"[6]

[à esquerda] Federico Fellini, "A mulher-leopardo"; [página ao lado] Federico Fellini, *O livro dos sonhos*, sonho de setembro de 1963

5. FELLINI, Federico. *Faire un film*. Paris: Seuil, 1980, p. 145.
6. FELLINI, Federico. *Il Libro dei Sogni*. *Op. cit.*

La P. è diventata un enorme, morbidissimo, mezzo di trasporto; disteso, sul suo bianco vasto pancione assuppato gioiosamente alle sue immense tette che si alzano come rotonde colline dinnanzi a me, è sottile cornicione più largo della strada sulla quale è sdraiata, completamente nuda, scivola dolcemente come un bianco vascello. I fianchi toccano le facciate delle case — Ah che gioia! che festa! — dico ad alta voce — Anche mia [illegible] trovava che si sono allargati ancora i fianchi! Che meraviglia! Come sto bene qua sopra! —

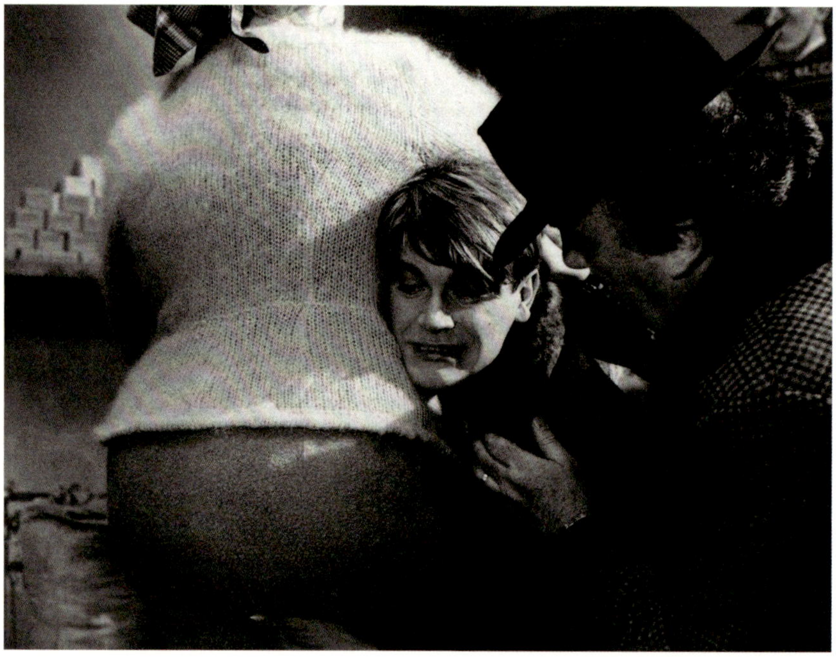

[pp. 114-115] Maria Antonietta Beluzzi no papel da dona da tabacaria, *Amarcord*, 1973; [acima, no alto] A atriz com Bruno Zanin, no papel de Titta, e Federico Fellini; [embaixo] Beluzzi e Zanin em cena do filme

Eddra Gale no papel de Saraghina, *8½*, 1963

[acima, à esquerda] Josiane Tanzilli no papel de Volpina, *Amarcord*, 1973; [à direita] Desenho de Federico Fellini, preparatório para a personagem de Volpina, *c.* 1973; [página ao lado] Federico Fellini, *O livro dos sonhos*, sonho de 18 de julho de 1980: "Você viu como no final eu consegui te ver?"

SOGNO DEL 18 Luglio 85
HAI VISTO CHE SONO RIUSCITO A VEDERTI DAVVERO?
Federico

ANNA MAGNANI

"Federico", lembra Roberto Rossellini, "me contou uma história que tinha inventado e que eu filmei sob o título de 'O milagre', me fazendo acreditar que se tratava de um conto russo cujo autor ele esquecera. Para assumir o papel do vagabundo que Anna Magnani toma por são José, considerei Fellini. Ele aceitou."[7] Em "O milagre" (1948), segunda parte de *O amor*, Fellini faz sua primeira aparição no cinema. Para o papel, deixou crescer a barba e tingiu os cabelos de loiro. Anna Magnani, sozinha diante desse homem silencioso, se lança a um incrível monólogo. A atriz aparece mais tarde em *Roma de Fellini* (1972). O cineasta não cogitava evocar Roma sem sua presença. Nesse filme, ele a segue até a porta de casa e, com a voz em *off*, dirige-se a ela: "– Posso te perguntar uma coisa? – Não, eu não confio em você. Tchau, Federico, vá dormir..." Anna Magnani assina então sua última atuação no cinema, fechando assim o ciclo de seus encontros com Fellini.

[abaixo, à esquerda] Federico Fellini durante a filmagem do episódio "O milagre", do filme *O amor*, de Roberto Rossellini, 1948; [no centro e à direita] O diretor e Anna Magnani durante a filmagem de "O milagre"; [página ao lado] A atriz e o diretor durante a filmagem de *Roma de Fellini*, 1972

7. AGEL, Geneviève. *Op. cit.*, p. 7.

HISTÓRIA DE CARTAZES

Detenhamo-nos por um instante sobre a simbologia dos cartazes de *Roma de Fellini*. O cartaz italiano mostra a silhueta desmesurada de uma prostituta, de seios generosos e mãos sobre as ancas. O ponto de vista, de baixo para cima, reforça uma posição já dominante. As prostitutas são *habituées* dos filmes do cineasta. No cartaz francês, Fellini ilustra a versão de Tito Lívio, retomada por Plutarco, segundo a qual Rômulo e Remo, fundadores de Roma, teriam sido criados por uma certa *Lupa* – a Loba. Não se tratava de um animal, mas do nome dado à prostituta que os havia recolhido. O cartaz aborda de maneira mais clássica o mito da fundação de Roma: uma bela mulher nua toma o lugar da Loba; seus seios, atributos tão caros a Fellini, transformaram-se nas tetas que alimentarão os novos Rômulos e Remos, pois, notemos a sutileza, os fundadores de Roma estão ausentes dessa paródia... A versão americana é mais pragmática: uma loba é uma loba! Nessa nova metamorfose do mito, o viés narrativo do cartaz se concentra no espaço normalmente ocupado por Rômulo e Remo, agora ocupado pelo *Fellini Circus*, sugerindo assim que é ele o verdadeiro fundador de Roma.

[à esquerda] Cartaz americano de *Roma de Fellini*, 1972; [página ao lado] Cartaz francês do filme;

FELLINI ROMA
REGIE: FEDERICO FELLINI
SCENARIO: FEDERICO FELLINI & BERNARDINO ZAPPONI
PROD: TURI VASILE
COPROD: ULTRA FILM ROME / LES PRODUCTIONS ARTISTES ASSOCIES PARIS
COULEURS · KLEUREN
DIST: VERD: ARTISTES ASSOCIES
United Artists

ITAL NOLEGGIO CINEMATOGRAFICO PRESENTA
federico fellini
roma
STUDIO DUE G
PRODOTTO DALLA
ULTRA FILM
UNA CO-PRODUZIONE
ITALO-FRANCESE - ULTRA FILM
LES PRODUCTIONS ARTISTES ASSOCIES S.A.
SOGGETTO E SCENEGGIATURA DI
FEDERICO FELLINI E BERNARDINO ZAPPONI

[página ao lado] Cartaz italiano de *Roma de Fellini*, 1972; [acima, à esquerda] Prostituta em cena do filme; [acima, à direita] Federico Fellini, estudo de prostituta para o filme

AS PROSTITUTAS

Quando da preparação de *Noites de Cabíria*, filme em que Giulietta Masina interpreta o papel de uma pequena prostituta, Fellini já se informara muito sobre a questão. De resto, seu amigo Beno Graziani recorda que, quando passeavam pelos arrabaldes de Roma, todas as prostitutas reconheciam Fellini e o chamavam pelo nome. "A prostituta é o contraponto essencial da mãe italiana. Não se pode conceber uma sem a outra. E assim como nossa mãe nos alimentou e vestiu, assim também – e falo por minha geração – a puta nos iniciou na vida sexual, com a mesma fatalidade. Somos todos seus devedores, estamos em dívida com essas mulheres que tomaram nossos desejos, esperanças, fantasias e os transformaram segundo uma óptica muitas vezes pobre e mesquinha, mas também fantástica."[8]

[à direita] Bordel, *Roma de Fellini*, 1972

8. FELLINI, Federico. *Faire un film*. *Op. cit.*, p. 147.

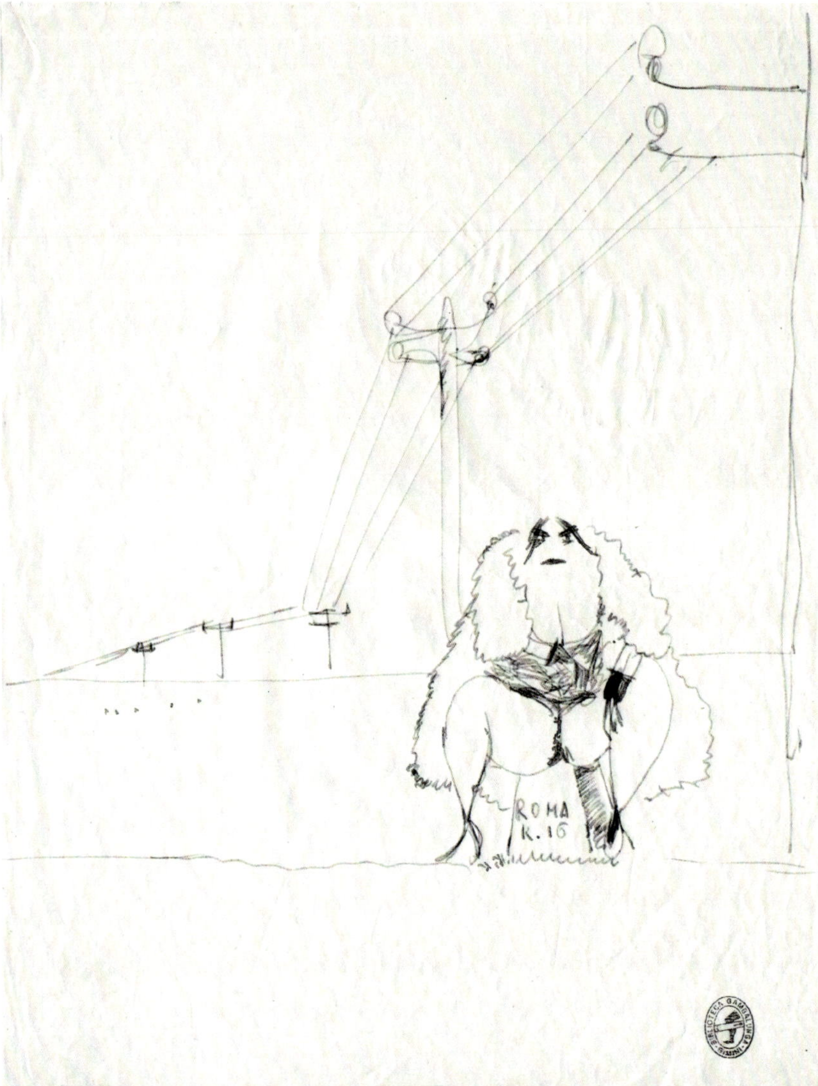

[em cima] Federico Fellini, estudo de prostituta, sem data; [embaixo] Prostitutas, *Roma de Fellini*, 1972; [página ao lado] Cartaz italiano de *Noites de Cabíria*, 1957

GIULIETTA MASINA
in un film di
FEDERICO FELLINI
prodotto da
DINO DE LAURENTIIS
CO PRODUZIONE ITALO FRANCESE DINO DE LAURENTIIS CINEMATOGRAFICA - LES FILMS MARCEAU
le NOTTI di CABIRIA
con
FRANÇOIS PERIER · FRANCA MARZI · DORIAN GRAY · AMEDEO NAZZARI
e la partecipazione di
DISTRIBUZIONE
Paramount Films

Na sequência das visões de *A cidade das mulheres*, Fellini põe em cena "a primeira puta, sua imensa bunda branca que subia rebolando a escada do bordel, que parecia sempre a ponto de nos revelar alguma coisa e que nos enfeitiçava para sempre [...]".[9] Para essa cena – uma câmara subjetiva que acompanha o imponente traseiro da prostituta subindo a escada –, Fellini entregou-se a um *casting* de traseiros, a fim de escolher a atriz que melhor encarnaria o papel. Coube em seguida à equipe de maquiadores fazer os últimos ajustes...

[à direita] Federico Fellini, estudo de uma prostituta subindo a escada, sem data; [abaixo e página ao lado] *Casting* de traseiros para o papel da prostituta, *A cidade das mulheres*, 1980

9. FELLINI, Federico e SIMENON, Georges. *Carissimo Simenon, mon cher Fellini*. Paris: Éditions de l'Étoile/Cahiers du Cinéma, 1998, p. 66.

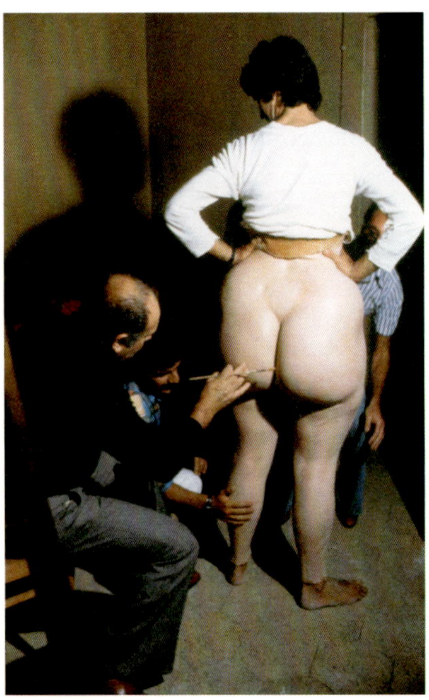

CASANOVA

Evocar a relação de Fellini com as mulheres é também se interrogar a respeito do lugar ocupado pelo homem na obra do cineasta. A esse respeito, a relação de Fellini com Casanova constitui um caso complexo. Quando assinou a realização de *Casanova de Fellini* com o produtor Dino de Laurentiis, Fellini jamais lera as *Memórias* do libertino. E, quando as leu, não gostou nada do personagem que descobriu: "Casanova? Eu o detesto. [...] O macho italiano na sua versão mais triste, um covarde, um fascista. Além do mais, o que é o fascismo senão uma adolescência prolongada? Casanova é um *super-vitellone*, ainda por cima antipático. Um Pinóquio sinistro, que se recusa a se tornar um 'bom menino'."[10] A pesada tarefa de encarnar Casanova cabe ao ator canadense Donald Sutherland. A cada manhã, Fellini faz o que pode para torná-lo mais feio, que paga a conta do ódio que o diretor tem pelo personagem. Sutherland passa três horas por dia com o maquiador, para dilatar o rosto em sete centímetros, depilar as sobrancelhas, aplicar um nariz e um queixo postiços... No entanto, numa rara confissão, Fellini admite que às vezes se identifica com o grande sedutor: "Casanova dança com uma mulher imaginária, com uma sombra, pois este é o seu destino ou, pelo menos, o destino que eu ofereço ao personagem de Casanova, na medida em que, para resumir, eu me identifico com ele... não no sentido do amante das mulheres, mas como homem que não pode amar as mulheres, uma vez que ama uma ideia fantástica das mulheres."[11]

[abaixo] Cicely Browne e Donald Sutherland,em cena de *Casanova de Fellini*, 1976; [página ao lado] Donald Sutherland, em cena do mesmo filme

10. KEZICH, Tullio. *Fellini*. Paris: Gallimard, 2007, p. 321. **11.** BONDANELLA, Peter. *The Cinema of Federico Fellini*. Princeton: Princeton University Press, 1992, p. 317.

FELLINI E SEU DUPLO

A história que liga Fellini a Mastroianni se dá sob o signo da conivência. Mas o cineasta, categórico, declara: "Não é verdade que Marcello seja eu, meu duplo cinematográfico, meu *alter ego*... Não ponho meu chapéu na cabeça dele para identificá-lo a mim, mas para lhe dar uma pista, uma sugestão... Tento fazer com que ele se pareça comigo porque para mim essa é a maneira mais direta de ver o personagem e a história; é uma função muito delicada, possível somente graças a uma profunda amizade e a um desejo exacerbado de exibição."[12] Apesar disso, já se afirmou muitas vezes que o ator na tela era o duplo do cineasta. O equívoco se justifica quando se recorda *8½*, em que Mastroianni encarna um diretor de cinema em crise de inspiração. No total, Mastroianni aparece em seis filmes de Fellini, sendo que em dois deles (*Anotações de um diretor*, de 1969, e *Entrevista*, de 1987) representa a si mesmo. *A doce vida* (1960), *8½* (1963) e *A cidade das mulheres* (1980) são filmes de inspiração biográfica, sobre os quais paira a sombra de Fellini. Por outro lado, em *Ginger e Fred* (1986), é mais difícil encontrar o rastro do diretor no personagem interpretado por Mastroianni. Somente uma série de fotos, tiradas durante as filmagens, na qual o ator veste a casaca e o chapéu do *maestro*, parece remontar o jogo de espelhos.

Autorretratos *Em meus sonhos, eu me vejo quase sempre de costas. Muito cabeludo e mais magro, isto é, como eu era há 20 ou 30 anos ou até mais. Pois bem, é assim que me vejo e é assim que me desenharei nos sonhos que vou incluir no livro. Eu deveria, no entanto, me desenhar assim.*[13]

[acima] Federico Fellini e Marcello Mastroianni, *8½*, 1963; [página ao lado] Federico Fellini, autorretratos, *O livro dos sonhos*

12. FELLINI, Federico. *Cinecittà*. *Op. cit.*, p. 52. 13. FELLINI, Federico. *Il Libro dei Sogni*. *Op. cit.*

Nei sogni mi vedo quasi sempre di spalle con molti capelli e più magro così com'ero venti o trenta anni fa, anche di più. Ecco mi vedo così e così mi disegnavo nei sogni che appuntavo in questo librone.
Invece dovrei disegnarmi così

[página ao lado] Federico Fellini e Marcello Mastroianni, década de 1960; [acima] o diretor e o ator durante a filmagem de *8½*, 1963

O MITO DA FONTANA DI TREVI

"Alguns acontecimentos que inspiraram este filme [*A doce vida*] aconteceram este ano [1958]. Meus colaboradores e eu mesmo só tivemos que ler os jornais para encontrar elementos de documentação apaixonantes."[14] Para a célebre cena da Fontana di Trevi, Fellini se inspira numa série de fotografias de Pierluigi publicada em setembro de 1958 em *Il Tempo*, na qual Anita Ekberg se banha na fonte. Sete meses mais tarde, a pedido de Fellini, Ekberg repete a cena, durante a filmagem de *A doce vida*, desta vez acompanhada de Marcello Mastroianni. A imagem de Ekberg e Mastroianni rodou o mundo, e os dois pertencem hoje à galeria de casais mitológicos do cinema. Contudo, o roteiro não previa tal destino, pois em nenhum momento do filme os dois protagonistas chegam a se beijar... A confusão foi deliberadamente cultivada desde o lançamento do filme. Os lábios de Sylvia e Marcello jamais estiveram tão próximos como na fotografia de promoção do filme. Desviando-se em alguns graus do eixo da câmara, o fotógrafo conseguiu criar a ilusão de um beijo. Em *Entrevista*, Fellini reuniu novamente Marcello Mastroianni e Anita Ekberg e os confrontou à cena mitológica de *A doce vida*. Tinham-se passado 27 anos entre os dois filmes, e o casal, envelhecido, assiste impotente à projeção de sua imagem. Alquimista do cinema, Fellini modificou a sequência para que ela finalmente conduza Ekberg e Mastroianni a se tornarem um casal.

[acima] Anita Ekberg, *A doce vida*, 1960; [página ao lado] A atriz e Marcello Mastroianni em cena de *A doce vida*, 1960

14. FELLINI, Federico. "Paris en parle cette semaine". *L'Express*, Paris, 09.07.1959, p. 60.

[em cima[Anita Ekberg durante a filmagem de *A doce vida*, 1960; [no centro] A multidão assistindo à gravação do filme; [embaixo] Ekberg e Marcello Mastroianni durante a gravação do filme, 1960

[em cima] Anita Ekberg e Marcello Mastroianni durante filmagem de *A doce vida*, 1960; [embaixo] Mastroianni em cena do filme

ULTIMI GIORNI DELLA GRANDE CALURA: ANITA EKBERG SI RINFRESCA CON UN BAGNO NOTTURNO NELLA FONTANA DI TREVI.

Il nostro matrimonio DURERA' MOLTO A LUNGO

Intervistata a Roma, Anita Ekberg ha spiegato come è nata la voce di una "rottura" fra lei e suo marito. "Se ci lasciassero la possibilità di avere un angolino di vita privata" - ci ha detto l'attrice - "Anthony ed io saremmo tanto, tanto grati a tutti"

Roma, *agosto*

"Io amo mio marito e lui ama me », afferma Anita Ekberg posando con energia il bicchiere da cui sta sorbendo, da due "paglie" messe in parallelo come canne d'organo, una innocua bibita. « Ci vogliamo bene e il nostro matrimonio, mi sembra, ha incontrato meno difficoltà di molti altri. Non capisco perchè tanti si ostinino a volerlo fallito ».

La terrazza ristorante dell'albergo romano in cui Anita ed Anthony alloggiano è quasi deserta. Sono le due e mezzo del pomeriggio e i turisti che ne avevano occupato le tavole sono quasi tutti scomparsi. L'attrice è scesa solo ora dal suo appartamento al settimo piano dove vive in volontaria reclusione da quando i fotografi hanno cominciato ad occuparsi troppo di lei. Lei ed il marito prendono i pasti sulla terrazza prospiciente l'appartamento e non escono se non per motivi di lavoro. Anita indossa una aderentissima maglietta bianca ed una gonna pure bianca guarnita soltanto da una cintura dorata come i sandali e come i capelli.

« Il matrimonio di due attori è molto difficile. Soprattutto sembra difficile a quelli che stanno a guardare. Quando Anthony ed io annunciammo che stavamo per sposarci nessuno voleva crederci; quando fummo sposati tutti erano pronti a giurare che io attendevo un figlio; dopo tre mesi di matrimonio sentimmo parlare attorno a noi di divorzio. La nostra unione dura invece da due anni e non c'è assolutamente motivo per credere che non debba durare molto a lungo ».

In queste ultime settimane si è parlato molto di rapporti difficili tra Anita e suo marito. Un lieve accenno a quello che è stato detto basta per far scattare di nuovo l'attrice.

« Non c'è nulla di vero », replica, « qualcuno ha avuto il cattivo gusto di imbastire la storia di una prossima rottura sulla base di un banale litigio, anzi di una occasionale disputa. Tra il carattere di Anthony ed il mio non ci sono sostanziali differenze e neppure abbiamo trovato difficoltà ad amalgamare le nostre abitudini. Tra un inglese ed una svedese la "acclimatazione" — si dice così? — poteva esser più difficile, invece quasi tutto è andato liscio come su un pavimento lucido ».

« Suo marito è geloso? ».

« No », risponde recisamente Anita. « Non è geloso. Non gli dispiace neppure che la gente si volti a guardarmi; cosa che nel vostro Paese accade spesso ».

« E non c'è nulla di Anthony che non le piaccia? ».

« Cose come queste riguardano [illegible] ripeto: ci vogliamo molto bene. Quello che è stato detto sui primi giorni del nostro soggiorno a Roma è falso ».

« Come avvenne, allora, che vi lasciaste in un locale notturno? ».

« Non ci lasciammo. Fui io che tornai a casa. Eravamo usciti al tramonto per goderci un po' Roma che conosciamo pochissimo perchè siamo sempre stati costretti a girare difendendoci dall'assalto dei fotografi. Io non ho nulla contro i fotografi; anzi il fatto che si occupino tanto di me significa che suscito l'interesse del pubblico e come attrice devo esserne contenta. Fummo raggiunti dai primi "flash" sulla Trinità dei Monti; prendemmo un taxi e ci facemmo portare a via Veneto e poi in un ristorante sulla Cassia dove si balla. Incontrammo due amici e potemmo restar tranquilli per un paio d'ore. Poi ricominciò l'assedio fotografico. Intanto tra noi ed i nostri amici era cominciata una interminabile discussione, una discussione piuttosto animata che si prolungava troppo ».

« Ma di che cosa parlavate? ».

« Sinceramente non ricordo.

FRANCO UBERTI

(Il testo segue a pagina 22)

Durante il bagno notturno nella fontana di Trevi, Anita Ekberg si è prodotta un taglio ad un piede ed è stata costretta a farsi praticare un'iniezione antitetanica. L'attrice darà inizio fra qualche giorno alla sua nuova fatica cinematografica.

Anita Ekberg è impegnata per tre mesi nella lavorazione del film "Nel segno di Roma", che narra la storia della regina Zenobia la quale, regnando sulla Siria durante l'impero di Aureliano, si ribellò a Roma e condusse contro di essa una lunga guerra. Innamoratasi di un generale romano, la regina venne da lui salvata quando, sconfitta, fu condotta in catene a Roma.

SEGUE

[página ao lado] Anita Ekberg durante a filmagem de *A doce vida*, 1960; [acima] A atriz entra de vestido branco na Fontana di Trevi, dois anos antes de *A doce vida*, *Tempo*, 9 de setembro de 1958

[acima] Anita Ekberg e Marcello Mastroianni em cena de *Entrevista*, 1987; [página ao lado] Cartaz italiano de *A doce vida*, 1960

UN FILM DI FEDERICO FELLINI
con MARCELLO MASTROIANNI * ANITA EKBERG
una co-produzione RIAMA FILM, Roma - PATHE CONSORTIUM CINEMA, Parigi realizzata da GIUSEPPE AMATO
LA DOLCE VITA
ANOUK AIMEE * YVONNE FURNEAUX * ALAIN CUNY * ANNIBALE NINCHI
WALTER SANTESSO e MAGALI NOEL * LEX BARKER * JACQUES SERNAS e con NADIA GRAY

MASINA E FELLINI

Giulietta e Federico encontraram-se pela primeira vez no início dos anos 1940. Na época, Fellini escrevia peças para a rádio, que ela interpretava. Casados em 1943, não se separariam mais. Quando Fellini morreu, em 1993, Giulieta Masina só sobreviveu por cinco meses. Durante mais de 50 anos, os dois formaram um casal na vida como nas telas. Giulietta atuou em oito filmes do *maestro*, e seu papel de Gelsomina em *A estrada da vida* valeu a ela sucesso internacional. Nesse filme, ela encarnou um palhaço burlesco tomado por grandes momentos de tristeza, a encarnação feminina do pequeno vagabundo de Chaplin. "Giulietta não gosta do meu jeito de vê-la. Provavelmente, considera que meu olhar não é fruto de uma inclinação natural ou de minha experiência profissional, mas é a expressão de um marido autoritário e caprichoso. [...] Giulietta ignora seu verdadeiro talento. Ela não se conhece. Ela desconfia de seu próprio gênio cômico e não quer se dar conta que o que a torna tão particular é justamente aquela gama de expressões, entre o bufão e o dramático, que seu rosto de palhaço é capaz de expressar ao mesmo tempo."[15]

[abaixo, à esquerda] Federico Fellini e Giulietta Masina, *Paris Match*, 1957; [à direita] O casal durante a filmagem de *Julieta dos espíritos*, 1965; [página ao lado] O casal durante a filmagem de *Noites de Cabíria*, 1957

15. FELLINI, Federico. *Cinecittà*. *Op. cit.*, p. 59.

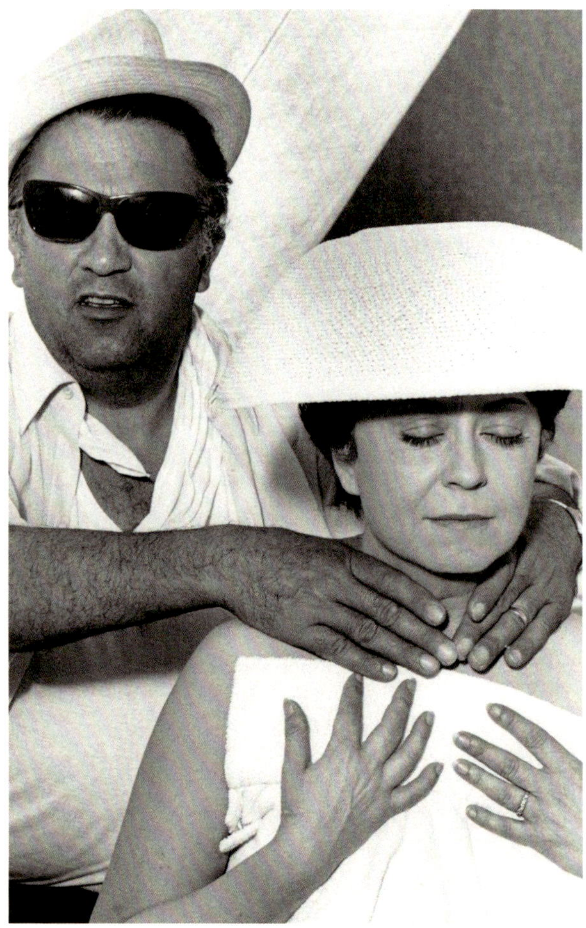

A INV
ENÇÃ
O BIO
GRÁ
FICA

Angelo
Rizzoli
présente
8 1/2
de
FEDERICO FELLINI

AS VISÕES

"Estes dias, estou rodando as sequências que chamo genericamente de 'as visões': trata-se de uma longa viagem, de uma descida em suspenso do herói que escorrega por um tobogã em espiral, afunda, sobe de novo e mergulha de novo na escuridão fascinante de sua mitologia feminina: as vastas pernas de Rosina, a empregada, espiadas avidamente por baixo da mesa, quando ele era criança; a opulenta mulher do dentista, o frufru invisível de seu *striptease* na penumbra da cabine, antes que ela saia para a luz ofuscante de uma praia de agosto, rumo ao mar calmo e inacessível, na companhia de um bonitão com ares de Tarzan; a senhora que dava aulas particulares de latim, tão correta, tão cheia de compostura e tão impetuosa; a primeira puta, de imensa bunda branca [...]; as loiríssimas motociclistas do 'globo da morte', vestidas de couro preto, petulantes e cruéis; a peixeira, embrulhada em malhas feito um samurai, o rosto, os braços, os seios grandes molhados de suor e lustrosos como a vida cor-de-prata que palpitava em seus cestos. Confesso, meu querido Simenon, que não gostaria de sair nunca mais dessa zona do filme, gostaria de ficar para sempre nessa temperatura morna, flamejante e sonolenta".[1]

[p. 149] Detalhe de cartaz francês de *8 ½*, 1963; [acima, à esquerda] A viúva do cemitério, sequência das "visões", *A cidade das mulheres*, 1980; [à direita] As motociclistas do "globo da morte", na mesma sequência do filme; [página ao lado] Marcello Mastroianni, na mesma sequência

1. FELLINI, Federico e SIMENON, Georges. *Op. cit.*, p. 66.

GENZIA DI COMPRAVENDITA

[página ao lado, em cima] Os adolescentes e o narrador, *Amarcord*, 1973; [embaixo] Estudo preparatório de Federico Fellini para as granjeiras de santo Antônio, *Amarcord*, 1973; [acima] As granjeiras de santo Antônio, sequência da confissão

Tenho a impressão de ter filmado sempre o mesmo filme: são imagens, meras imagens, que filmei empregando sempre o mesmo material – talvez movido a cada vez por pontos de vista diferentes.[2]

[página ao lado] Peter Gonzales Falcon e Federico Fellini durante a filmagem de *Roma de Fellini*, 1972; [acima] Cartaz italiano de *Os boas-vidas*, 1953

2. FELLINI, Federico. *Fellini par Fellini. Op. cit.*, pp. 78-79.

Os boas-vidas, vistos de costas, no cais que avança sobre o mar, um mar cinza, de inverno, sob um céu baixo, fechado, com nuvens... Meu irmão, que segura o chapéu para que o vento não o leve, o lencinho de Trieste que paneja sobre o rosto de Moraldo, o barulho da ressaca, os gritos das gaivotas.[3]

[página anterior] Desenho de Federico Fellini dos boas-vidas na praia, *c.* 1953; [acima] Cena do filme *Os boas-vidas*, 1953

3. *Ibidem*, p. 89.

O LIVRO DOS SONHOS

No início dos anos 1960, Fellini consulta o psicanalista Ernst Bernhard e se apaixona pela obra de Jung. Bernhard encoraja-o a desenhar e transcrever seus sonhos. Entre 1960 e 1990, Fellini preencherá com desenhos dois grandes livros-caixa, geralmente destinados à contabilidade da produção. A dedicação com que Fellini se consagra à tarefa não permite pensar que se trata de um exercício espontâneo ao despertar ou durante as noites de insônia, pois os livros são imponentes, e não meras cadernetas deixadas sobre a mesa de cabeceira. A riqueza de cores e a utilização eventual de guache confirmam que Fellini passava longas horas desenhando. Se Fellini pôs no papel suas obsessões, medos e angústias durante 30 anos, ele não o fez sempre com a mesma regularidade. Longas ausências pontuam os álbuns, especialmente quando o cineasta estava rodando um filme. *O livro dos sonhos* pode ser visto como um repertório de formas, de motivos e de histórias, um exercício de estilo ao qual Fellini se entregava, como um músico faz suas escalas, para entreter e alimentar seu imaginário. Esse documento histórico passou por maus momentos antes de se tornar público. Fellini não se preocupou com seu legado; contudo, consciente do valor desse documento, tomou o cuidado de deixá-lo em testamento a seis herdeiros. Quando morreu, os seis concordaram quanto a dois pontos: depositar os preciosos volumes num cofre que não seria reaberto senão na presença dos seis e decidir quanto ao futuro da obra. Os anos passaram, a Fundação Fellini comprou ou recebeu em doação as seis partes de *O livro dos sonhos*. Enfim proprietária dos dois volumes, a instituição teve ainda que esperar até que os seis herdeiros (que nesse meio tempo eram nove) se reunissem. Em 2007, o cofre foi finalmente aberto, a Fundação tomou posse de *O livro dos sonhos* e publicou imediatamente uma edição fac-similar da obra... A história teria certamente agradado a Fellini!

Sonho de dezembro de 1974

No cesto de um balão, na companhia de Paulo IV, que levava sua mitra papal na cabeça. A situação poderia também ser considerada perigosa, pois acima de nossa nave não se via nenhum balão. Mesmo assim, tudo ia bem, e eu não sentia medo. Abaixo de nós, a praia e o mar de Riccione, cheios de gente olhando para o alto, apontando alguma coisa. E eis que aparece, maior e mais forte que o monte Branco, uma maravilhosa criatura de maiô de banho. Ela olhava para o céu azul sem nos ver, depois sua belíssima boca carnuda emitia um "Oh!" de deslumbramento, e todo o céu se enchia de nuvens brancas.[4]

[página ao lado] Federico Fellini, *O livro dos sonhos*, sonho de dezembro de 1974

4. FELLINI, Federico. *Il Libro dei Sogni*. *Op. cit.*

Ooooh.....
Eccola lì, Fefè, la grande "Fabbricante Dissolvitrice" di nubi! Eccola tutta lì!
NEL SOGNO (MI SEMBRAVA DI STARE SOGNANDO UN SOGNO FATTO TANTISSIMI ANNI FA.)
SOGNO - Dicembre 74

Sonho – Explosão silenciosa

A periferia de uma lugarejo à beira-mar. É noite. Giulietta e eu andamos ao longo de uma sublime vereda entre as casinhas rodeadas de muretas e jardins. Às nossas costas, um gigantesco avião tenta aterrisar, rodopia duas ou três vezes sobre si mesmo para finalmente entrar desastrosamente num hangar. Nós fugimos, com medo da explosão, que acontece logo depois, estranhamente silenciosa. Do céu, vejo que vem caindo em nossa direção um dos motores do avião, lançado para o alto por causa da explosão. Ele se torna cada vez maior, e se aproxima cada vez mais... Mas não cai em cima de nós dois, sua trajetória o leva além e ele vai cair bem mais para a frente.

[acima] Federico Fellini, "Explosão silenciosa", *O livro dos sonhos*

Imagem hipnagógica de 1 de abril de 1975

P., nua e rosada como uma gigantesca recém-nascida, estava sentada sobre uma nuvem imóvel, no meio de um céu muito luminoso e azul. Eu sentia que o momento de intervir havia chegado e me punha a soprar contra a nuvem, dizendo: "Já é hora de fertilizar o que está lá embaixo!". Impulsionada pelo sopro tão poderoso quanto o de um deus, a nuvem de P. punha-se a planar, calma e lenta, pelo espaço afora. Com um gesto solene, P. segurava entre as mãos suas fabulosas tetas e uma chuva regular e brilhante caía sobre a terra. Bah![5]

[acima] Federico Fellini, *O livro dos sonhos*, sonho de 1 de abril de 1975

5. *Ibidem.*

Sonho de 20 de agosto de 1984

Tudo que podemos fazer é alcançar a consciência de que fazemos parte desse mistério insondável que é a criação. Nós obedecemos a suas leis incognoscíveis, a seus ritmos, a suas metamorfoses. Nós somos mistérios em meio a mistérios.[6]

[página ao lado] Federico Fellini, *O livro dos sonhos*, sonho de 20 de agosto de 1984; [acima] Federico Fellini, desenho de um sonho representando Fellini e seu roteirista, *O livro dos sonhos*: “Zapponi: Muito emocionante.../ O palhaço: Meu pai... ei! Pai... ei!!”

6. *Ibidem.*

FELLINI *SUPERSTAR*

8½ conta a história de um diretor de cinema em crise de inspiração, encarnado por Marcello Mastroianni, espécie de duplo de Fellini na tela. O filme marca uma ruptura em seu cinema. Suas interrogações sobre a criação, sua reflexão sobre o cinema levam o diretor a ultrapassar as fronteiras do real para explorar o mundo do imaginário. As memórias de infância, o inconsciente, os sonhos fazem então uma intrusão notável em sua obra e constituem um pretexto para que ele se ponha em cena. Desde então, Fellini se mostra um dos temas recorrentes de seu cinema e participa da representação de sua imagem, como atestam os cartazes promocionais do filme. Na França, a divulgação brinca com a osmose Fellini/Mastroianni: um grande 8 com o chapéu e os óculos de Mastroianni sentado na cadeira do diretor, na qual se lê o nome de FELLINI em maiúsculas. A série de pequenos cartazes italianos – os *fotobuste* – declina mais sutilmente a mesma ideia. Em cada um deles, duas fotos se enfrentam, no centro, uma imagem colorida retoma uma cena do filme com Mastroianni enquanto, ao lado, em coluna, outra em preto e branco mostra Fellini dirigindo o filme. A justaposição de Mastroianni e Fellini, do filme e dos bastidores, sinaliza que o diretor se tornou objeto de seu próprio cinema. O título obscuro, *8½*, está lá para nos lembrar: corresponde ao "oitavo e meio" filme de Fellini. *Mulheres e luzes*, filme que Fellini codirigiu com Lattuada, conta como meio, o mesmo valendo para seus dois filmes de média-metragem, "A agência matrimonial" (1953) e "As tentações do doutor Antônio" (1962). Os filmes seguintes exploram o mesmo registro, e Fellini continua afirmando sua presença, seja personificando os títulos de seus filmes (*Roma de Fellini*, de 1972, e *Casanova de Fellini*, de 1976), seja interpretando seu próprio papel (*Roma de Fellini* e *Entrevista*, de 1987).

Em 29 de março de 1993, alguns meses antes de sua morte, Fellini recebe em Hollywood o Oscar que coroa sua carreira. Tem 30 segundos para fazer seu discurso, nada mais: "Faço questão de agradecer a todos vocês por me fazer sentir o que estou sentindo agora. Numa ocasião como esta, não é difícil mostrar-se generoso e agradecer a todo mundo. Naturalmente, gostaria sobretudo de agradecer a todos que trabalharam comigo. Não posso citar todos. Eu me contentarei então com um único nome, o de uma atriz que é também minha mulher. Obrigado, querida Giulietta, e por favor pare de chorar!"[7]

[acima] Cartaz francês de *8½*, 1963; [página ao lado] Federico Fellini e Sandra Milo durante a filmagem de *8½*, 1963; [p. 166] Federico Fellini imitando Groucho Marx, sem data; [p. 167] Federico Fellini, Cinecittà, 1960; [p. 168] Federico Fellini, março de 1955; [p. 169] Federico Fellini durante a filmagem de *8½*, 1963; [pp. 170-171] Federico Fellini durante a filmagem de *A doce vida*, 1960

7. KEZICH, Tullio. *Op. cit.*, p. 393.

Cronologia

20 de janeiro de 1920
Nasce em Rimini.

1925-1926
Frequenta a pré-escola das irmãs vicentinas e, em seguida, a escola municipal Carlo Tonini, em Rimini. Descobre o teatro melodramático, o cinema de *Maciste all'Inferno*, de Guido Brignone, e as histórias em quadrinhos americanas de Winsor McCay, George McManus e Frederick Burr Opper.

Verão de 1927
"Foge" do internato para se juntar ao circo do palhaço Pierino.

1930
Frequenta o liceu Giulio Cesare, onde faz amizade com Luigi "Titta" Benzi

Agosto de 1937
Publica as primeiras caricaturas (*balilla* vestidos de mosqueteiros) no único número de *La Diana*, órgão da juventude fascista de Rimini. Na companhia do pintor Demos Bonini, abre a loja de caricaturas Febo. Ao mesmo tempo, desenha retratos de atores célebres para o cinema Fulgor.

1938-1939
Publica desenhos humorísticos no suplemento *Domenica del Corriere* e na revista semanal *420*.

1939
Parte de Rimini para viver em Roma. Na capital, inscreve-se na Faculdade de Direito, onde não fará nenhum curso. Ganha a vida desenhando em restaurantes, escrevendo *sketches* para a abertura dos espetáculos nos teatros de variedade e colabora com os jornais *Il Piccolo*, *Il Popolo di Roma* e *CineMagazzino*.

1939-1943
Colabora regularmente com o jornal satírico *Marc'Aurelio*, onde conhece Ettore Scola, Cesare Zavattini e Bernardino Zapponi.

1941-1943
Escreve *sketches* para o rádio, entre os quais *Cico e Pallina*, aventuras de dois recém-casados; a atriz Giulietta Masina interpreta o papel principal.

1942
Começa a carreira de roteirista de cinema.

Outono de 1942
Conhece Giulietta Masina.

30 de outubro de 1943
Casa-se com Giulietta Masina.

Verão de 1944
Abre uma loja de caricaturas, a Funny Face Shop, em parceria com Guglielmo Guasta e Carlo Bompiani. Entre os clientes, soldados americanos que posam para retratos.

1945
Participa da criação do roteiro de *Roma, cidade aberta*, de Roberto Rossellini.

1946-1949
Colabora regularmente com o jornal *Il Travaso delle Idee*.

1946
Corroteirista e assistente de Rossellini em *Paisà*. Começa a colaboração com o roteirista Tullio Pinelli.

1948
Conhece Marcello Mastroianni, colega de Giulietta Masina no teatro. Conhece Nino Rota durante as filmagens de *Senza Pietà*. Atua como corroteirista de "O milagre", segundo episódio do filme *O amor*, de Roberto Rossellini, no qual faz sua primeira aparição no cinema.

1950
Codirige, com Alberto Lattuada, o filme *Mulheres e luzes*.

1952
Abismo de um sonho.

1953
"A agência matrimonial", quarto episódio do filme *O amor na cidade*. Em Veneza, o longa *Os boas-vidas* ganha o Leão de Prata.

1954
A estrada da vida.

1955
A trapaça.

1957
A estrada da vida ganha o Oscar de melhor filme estrangeiro. Por sua atuação em *Noites de Cabíria*, Giulietta Masina recebe o prêmio de melhor atriz no Festival de Cannes.

1958
Noites de Cabíria ganha o Oscar de melhor filme estrangeiro.

1959
Começa a fazer análise com o doutor Ernst Bernhard.

1960
A doce vida ganha a Palma de Ouro, em Cannes.

1960-1968
Primeiro período de transcrição de seus sonhos.

1961
A televisão belga dedica a Fellini quatro programas dirigidos por André Delvaux.

1962
A doce vida ganha o Oscar de melhor figurino. Dirige "As tentações do doutor Antônio", segundo episódio do filme *Boccaccio '70*.

1963
8½.

1964
O longa *8½* recebe dois prêmios Oscar, como melhor filme estrangeiro e melhor figurino.

1965
Em 29 de junho, morre Bernhard, o que afeta profundamente Fellini. Escreve o primeiro roteiro de *A viagem de Mastorna*, escrito com Brunello Rondi e Dino Buzzati. Dirige *Julieta dos espíritos*.

1968
"Toby Dammit", terceiro episódio de *Histórias extraordinárias*.

1969
Satyricon. Dirige *Anotações de um diretor* para a rede americana NBC.

1970
Os palhaços, realizado para a televisão italiana.

1972
Roma de Fellini.

1973-1982
Segundo período de transcrição de seus sonhos.

1973
Maurizio Mein e Liliana Betti, assistentes de Fellini, dirigem para a RAI um documentário sobre a filmagem de *Amarcord*: *O diário secreto de Amarcord*.

1975
Amarcord ganha o Oscar de melhor filme estrangeiro. Gianfranco Angelucci e Liliana Betti, assistentes de Fellini, dirigiem um documentário sobre a filmagem de *Casanova de Fellini*, com Alain Cuny, Vittorio Gassman, Marcello Mastroianni, Alberto Sordi e Ugo Tognazzi: *E il Casanova di Fellini?*.

1976
Casanova de Fellini.

10 de abril de 1979
Morre Nino Rota.

1979
Ensaio de orquestra.

1980
A cidade das mulheres.

1983
E la nave va.

1984
Dirige dois anúncios publicitários para Campari e Barilla.

1986
Ginger e Fred. Publica, com Milo Manara, a história em quadrinhos *Viagem a Tulum*.

1987
Entrevista ganha o prêmio do 40° aniversário do Festival de Cannes.

1990
A voz da lua.

1992
Dirige três anúncios publicitários para a Banca di Roma. Publica, com Milo Manara, a história em quadrinhos *A viagem de G. Mastorna, dito Fernet*.

29 de março de 1993
Em Hollywood, recebe um Oscar pelo conjunto de sua obra.

31 de outubro de 1993
Morre em Roma.

23 de março de 1994
Morre Giulietta Masina, em Roma.

Filmografia

FELLINI ROTEIRISTA

***Imputato alzatevi!*, 1939**
Roteiro: Vittorio Metz, Mario Mattoli e Federico Fellini (não creditado)
Direção: Mario Mattoli

***Lo Vedi come sei... lo vedi come sei?*, 1939**
Roteiro: Vittorio Metz, Steno, Mario Mattoli e Federico Fellini (não creditado)
Direção: Mario Mattoli

***Non me lo dire!*, 1940**
Roteiro: Vittorio Metz, Marcello Marchesi, Steno, Mario Mattoli e Federico Fellini (não creditado)
Direção: Mario Mattoli

***Il Pirata sono io!*, 1940**
Roteiro: Vittorio Metz, Marcello Marchesi, Steno, Mario Mattoli e Federico Fellini (não creditado)
Direção: Mario Mattoli

***I Cavalieri del deserto* (*Gli Ultimi tuareg*), 1942**
Roteiro: Federico Fellini e Vittorio Mussolini (sob o pseudônimo de Tito Silvio Mursino)
Direção: Gino Talamo, Osvaldo Valenti

***Avanti c'è posto...*, 1942**
Roteiro: Aldo Fabrizi, Cesare Zavattini, Piero Tellini, Mario Bonnard e Federico Fellini
Direção: Mario Bonnard

***Documento Z-3*, 1942**
Roteiro: Sandro De Feo, Alfredo Guarini, Ercole Patti, Piero Tellini e Federico Fellini (não creditado)
Direção: Alfredo Guarini

***Quarta pagina*, 1942**
Roteiro: Piero Tellini, Federico Fellini, Edoardo Anton, Ugo Betti, Nicola Manzari, Spiro Manzari, Giuseppe Marotta, Gianni Puccini, Steno, Ottavio Poggi e Cesare Zavattini
Direção: Nicola Manzari

***Campo de' fiori*, 1943**
Roteiro: Aldo Fabrizi, Federico Fellini, Piero Tellini e Mario Bonnard
Direção: Mario Bonnard

***Chi l'ha visto?*, 1943 (distribuído em 1945)**
Roteiro: Federico Fellini e Piero Tellini
Direção: Goffredo Alessandrini

***Apparizione*, 1943**
Roteiro: Piero Tellini, Lucio De Caro, Giuseppe Amato e Federico Fellini (não creditado)
Direção: Jean de Limur

***L'Ultima carrozzella*, 1943**
Roteiro: Aldo Fabrizi, Federico Fellini e Piero Tellini
Direção: Mario Mattoli

***Tutta la città canta*, 1945**
Roteiro: Riccardo Freda, Vittorio Metz, Marcello Marchesi, Steno e Federico Fellini (não creditado)
Direção: Riccardo Freda

***Roma, cidade aberta* (*Roma, città aperta*), 1945**
Roteiro: Alberto Consiglio, Sergio Amidei, Roberto Rossellini e Federico Fellini
Assistente de direção: Federico Fellini
Direção: Roberto Rossellini

***Paisà*, 1946**
Roteiro: Sergio Amidei, Federico Fellini e Roberto Rossellini, com a colaboração de Alfred Hayes, Klaus Mann, Marcello Pagliero e Rod Geiger
Assistente de direção: Federico Fellini
Direção: Roberto Rossellini

***Il Delitto di Giovanni Episcopo*, 1947**
Roteiro adaptado do romance *Giovanni Episcopo*, de Gabriele D'Annunzio: Suso Cecchi D'Amico, Aldo Fabrizi, Federico Fellini, Alberto Lattuada e Piero Tellini
Direção: Alberto Lattuada

***Il Passatore*, 1947**
Roteiro: Federico Fellini, Tullio Pinelli e Duilio Coletti
Direção: Duilio Coletti

***La Fumeria d'oppio*, 1947**
Roteiro: Raffaello Matarazzo, Ettore M. Margadonna, Federico Fellini, Mario Monicelli e Tullio Pinelli
Direção: Raffaello Matarazzo

***Senza pietà*, 1948**
Roteiro baseado em idéia de Ettore M. Margadonna: Federico Fellini, Alberto Lattuada e Tullio Pinelli
Direção: Alberto Lattuada

O milagre
("Il Miracolo"), episódio do filme
***O amor* (*L'Amore*), 1948**
Roteiro: Federico Fellini, Tullio Pinelli e Roberto Rossellini
Assistente de direção e ator: Federico Fellini
Direção: Roberto Rossellini

Em nome da lei
(*In nome della legge*), 1949
Roteiro adaptado do romance *Piccola Pretura*, de Giuseppe Guido Lo Schiavo: Aldo Bizzarri, Federico Fellini, Pietro Germi, Mario Monicelli, Tullio Pinelli e Giuseppe Mangione
Direção: Pietro Germi

O moinho do Pó
(*Il Mulino del Pò*), 1949
Roteiro adaptado do romance *Il Mulino sul Pò*, de Riccardo Bacchelli: Riccardo Bacchelli, Luigi Comencini, Federico Fellini, Alberto Lattuada, Tullio Pinelli, Mario Bonfantini, Carlo Musso e Sergio Romano
Direção: Alberto Lattuada

***Città dolente*, 1949**
Roteiro: Anton Giulio Majano, Aldo De Benedetti, Federico Fellini e Mario Bonnard
Direção: Mario Bonnard

O caminho da esperança
(*Il Cammino della speranza*), 1950
Argumento: Federico Fellini, Pietro Germi e Tullio Pinelli
Roteiro: Federico Fellini e Tullio Pinelli
Direção: Pietro Germi

O santo dos pobrezinhos
(*Francesco, giullare di Dio*), 1950
Roteiro adaptado das *Fioretti di San Francesco*: Federico Fellini e Roberto Rossellini, com a colaboração dos padres Félix Morlión e Antonio Lisandrini
Assistente de direção: Federico Fellini
Direção: Roberto Rossellini

***Persiane chiuse*, 1950**
Roteiro: Massimo Mida, Gianni Puccini, Franco Solinas, Sergio Sollima e Federico Fellini (não creditado)
Direção: Luigi Comencini

***La Città si defende*, 1951**
Roteiro: Federico Fellini, Pietro Germi, Giuseppe Mangione e Tullio Pinelli
Direção: Pietro Germi

***Cameriera bella presenza offresi...*, 1951**
Roteiro: Agenore Incrocci, Aldo De Benedetti, Federico Fellini, Ruggero Maccari, Nicola Manzari, Tullio Pinelli e Furio Scarpelli
Direção: Giorgio Pastina

***Il Brigante di Tacca de Lupo*, 1952**
Roteiro adaptado da comédia homônima de Riccardo Bacchelli: Federico Fellini, Pietro Germi, Tullio Pinelli e Fausto Tozzi
Direção: Pietro Germi

***Europa '51*, 1952**
Roteiro: Sandro De Feo, Diego Fabbri, Mario Pannunzio, Ivo Perilli, Roberto Rossellini e Brunello Rondi
Assistente de direção: Federico Fellini
Direção: Roberto Rossellini

Onde está a liberdade?
(*Dov'è la libertà?*), 1953
Roteiro: Vitaliano Brancati, Ennio Flaiano, Antonio Pietrangeli, Vincenzo Talarico, Roberto Rossellini e Federico Fellini
Assistente de direção: Federico Fellini (dirigindo uma cena com Totò)
Direção: Roberto Rossellini

***Fortunella*, 1958**
Roteiro: Federico Fellini, Eduardo De Filippo, Ennio Flaiano e Tullio Pinelli
Direção: Eduardo De Filippo

Charity, meu amor
(*Sweet Charity*), 1969
Roteiro: Federico Fellini, Ennio Flaiano, Tullio Pinelli e Peter Stone, a partir do roteiro de *Le Notti di Cabiria*
Direção: Bob Fosse

***Viaggio con Anita*, 1979**
Roteiro: Tullio Pinelli, Leonardo Benvenuti, Pierro de Bernardi, Mario Monicelli, Paul D. Zimmerman e Federico Fellini (não creditado)
Direção: Mario Monicelli

FELLINI DIRETOR

Mulheres e luzes
(*Luci del varietà*), 1950
Codireção com Alberto Lattuada
Roteiro: Federico Fellini, Alberto Lattuada, Tullio Pinelli e Ennio Flaiano
Diretor de fotografia: Otello Martelli
Trilha sonora: Felice Lattuada
Elenco: Peppino De Filippo, Carla Del Poggio, Giulietta Masina, John Kitzmiller, Folco Lulli, Dante Maggio e Carlo Romano
Produção: Capitolium Film

Abismo de um sonho
(*Lo Sceicco bianco*), 1952
Roteiro: Federico Fellini, Tullio Pinelli e Ennio Flaiano
Diretor de fotografia: Arturo Gallea
Trilha sonora: Nino Rota
Elenco: Brunella Bovo, Leopoldo Trieste, Alberto Sordi, Giulietta Masina, Fanny Marchiò, Ernesto Almirante e Enzo Maggio
Produção: PDC / OFI Luigi Royere

"A agência matrimonial"
("Un'Agenzia matrimoniale"), quarto episódio do filme *Amor na cidade* (*L'Amore in città*), 1953
Roteiro: Federico Fellini e Tullio Pinelli
Diretor de fotografia: Gianni di Venanzo
Trilha sonora: Mario Nascimbene
Elenco: Antonio Cifariello e Livia Venturini
Direção dos demais episódios: Dino Risi, Carlo Lizzani, Alberto Lattuada, Cesare Zavattini, Francesco Maselli e Michelangelo Antonioni
Produção: Faro Film

Os boas-vidas
(*I Vitelloni*), 1953
Roteiro: Federico Fellini, Tullio Pinelli e Ennio Flaiano
Diretor de fotografia: Otello Martelli
Trilha sonora: Nino Rota
Elenco: Franco Interlenghi, Alberto Sordi, Franco Fabrizi, Leopoldo Trieste, Riccardo Fellini, Leonora Ruffo e Jean Brochard
Produção: PEG Films, Cité Films

A estrada da vida
(*La Strada*), 1954
Roteiro: Federico Fellini e Tullio Pinelli, com a colaboração de Ennio Flaiano
Diretor de fotografia: Otello Martelli
Trilha sonora: Nino Rota
Elenco: Giulietta Masina, Anthony Quinn, Richard Basehart, Aldo Silvani, Marcella Rovere e Livia Venturini
Produção: Carlo Ponti – Dino de Laurentiis

A trapaça
(*Il Bidone*), 1955
Roteiro: Federico Fellini, Ennio Flaiano e Tullio Pinelli
Diretor de fotografia: Otello Martelli
Trilha sonora: Nino Rota
Elenco: Broderick Crawford, Richard Basehart, Lorella De Luca, Franco Fabrizi, Giulietta Masina, Alberto De Amicis e Maria Werlen
Produção: Titanus

Noites de Cabíria
(*Le Notti di Cabiria*), 1957
Roteiro: Federico Fellini, Tullio Pinelli e Ennio Flaiano, com a colaboração de Brunello Rondi
Diretores de fotografia: Aldo Tonti e Otello Martelli
Trilha sonora: Nino Rota
Elenco: Giulietta Masina, Amedeo Nazzari, François Périer, Aldo Silvani, Franca Marzi, Pina Gualandri, Dorian Gray, Franco Fabrizi e Mario Passante
Produção: Dino de Laurentiis

A doce vida
(*La Dolce vita*), 1960
Roteiro: Federico Fellini, Tullio Pinelli e Ennio Flaiano, com a colaboração de Brunello Rondi
Diretor de fotografia: Otello Martelli
Trilha sonora: Nino Rota
Elenco: Anita Ekberg, Marcello Mastroianni, Anouk Aimée, Yvonne Furneaux, Alain Cuny, Magali Noël, Lex Barker e Valeria Ciangottini
Produção: Giuseppe Amato em nome de Riama Film – Pathé Consortium Cinéma

"As tentações do doutor Antônio" ("Le Tentazioni del Dottor Antonio"), segundo episódio do filme *Boccaccio '70*, 1962
Roteiro: Federico Fellini, Tullio Pinelli e Ennio Flaiano, com a colaboração de Brunello Rondi e Goffredo Parise
Diretor de fotografia: Otello Martelli
Trilha sonora: Nino Rota
Elenco: Peppino De Filippo, Anita Ekberg, Donatella della Nora e Antonio Acqua
Direção dos demais episódios: Luchino Visconti, Mario Monicelli e Vittorio De Sica
Produção: Carlo Ponti

***8 ½*, 1963**
Roteiro: Federico Fellini, Brunello Rondi, Tullio Pinelli e Ennio Flaiano
Diretor de fotografia: Gianni di Venanzo
Trilha sonora: Nino Rota
Elenco: Anouk Aimée, Marcello Mastroianni, Sandra Milo, Claudia Cardinale, Rossela Falk, Madeleine Lebeau e Caterina Boratto
Produção: Angelo Rizzoli

Julieta dos espíritos
(_Giulietta degli spirit_), 1965
Roteiro: Federico Fellini, Tullio Pinelli e Ennio Flaiano, com a colaboração de Brunello Rondi
Diretor de fotografia: Gianni di Venanzo
Trilha sonora: Nino Rota
Elenco: Giulietta Masina, Silva Koscina, Sandra Milo, Valentina Cortese, Mario Pisu, Lou Gilbert e Silvana Jachino
Produção: Federiz

"Toby Dammit"
episódio do filme _Histórias extraordinárias_
(_Histoires extraordinaires_), 1968
Roteiro: Federico Fellini e Bernardino Zipponi
Diretor de fotografia: Giuseppe Rotunno
Trilha sonora: Nino Rota
Elenco: Terence Stamp, Jane Fonda, Peter Fonda, Francoise Prévost, James R. Justice, Anny Duperey, Serge Marquand e Andreas Voutsinas
Direção dos outros episódios: Roger Vadim e Louis Malle
Produção: PEA, Alberto Grimaldi

Anotações de um diretor
(_Fellini: A Director's Notebook_), 1969
Roteiro: Federico Fellini e Bernardino Zapponi
Diretor de fotografia: Pasquale De Santis
Trilha sonora: Nino Rota
Elenco: Federico Fellini, Giulietta Masina, Marcello Mastroianni e Catarina Boratto
Produção: Peter Goldfarb, NBC

Satyricon
(_Fellini Satyricon_), 1969
Roteiro adaptado da obra de Pétrone: Bernardino Zapponi e Federico Fellini
Diretor de fotografia: Giuseppe Rotunno
Trilha sonora: Nino Rota
Elenco: Martin Potter, Hiram Keller, Max Born, Mario Romagnoli, Alain Cuny, Gordon Mitchell e Capucine
Produção: Alberto Grimaldi

Os palhaços
(_I Clowns_), 1970
Roteiro e argumento: Federico Fellini e Bernardino Zapponi
Trilha sonora: Nino Rota
Diretor de fotografia: Dario Di Palma
Elenco: Mimo Billi, Scotti, Rizzo, Pistoni, Giacomo Furia, Gallino Sbarra, 4 Colombaioni, Federico Fellini e Anita Ekberg
Produção: Federico Fellini, Ugo Guerra, Elio Scardamaglia

Roma de Fellini
(_Roma_), 1972
Roteiro e argumento: Federico Fellini e Bernardino Zapponi
Diretor de fotografia: Giuseppe Rotunno
Trilha sonora: Nino Rota
Elenco: Peter Gonzalez, Fiona Florence, Britta Barnes, Marne Maitland, Anna Magnani, Marcello Mastroianni, Alberto Sordi e Federico Fellini
Produção: Turi Vasile

Amarcord, 1973
Roteiro: Tonino Guerra e Federico Fellini, a partir de uma ideia de Federico Fellini
Diretor de fotografia: Giuseppe Rotunno
Trilha sonora: Nino Rota
Elenco: Bruno Zanin, Pupella Maggio, Armando Brancia, Nandino Orfei, Ciccio Ingrassia, Maria Beluzzi, Magali Noël e Josiane Tanzilli
Produção: Franco Cristaldi

Casanova de Fellini
(*Il Casanova di Fellini*), 1976
Roteiro livremente inspirado em *Memórias*, de Giacomo Casanova: Federico Fellini e Bernardino Zapponi, com a colaboração de Andrea Zanzotto
Diretor de fotografia: Giuseppe Rotunno
Trilha sonora: Nino Rota
Elenco: Donald Sutherland, Tina Aumont, Cicely Browne, Carmen Scarpitta, Clara Algranti, Daniella Gatti, Margareth Clementi e Olimpia Carlisi
Produção: Alberto Grimaldi, Universal-Fox-Gaumont-Titanus

Ensaio de orquestra
(*Prova d'orchestra*), 1979
Roteiro: Federico Fellini, com a colaboração de Brunello Rondi
Diretor de fotografia: Giuseppe Rotunno
Trilha sonora: Nino Rota
Elenco: Baldwin Haas, Clara Colosimo, Elisabeth Labi, Ronaldo Bonacchi, David Maunsell, Ferdinando Villela e Francesco Aluigi
Produção: Daimo Cinematografica, RAI, Albatros Filmproduktion

A cidade das mulheres
(*La Cittá delle donne*), 1980
Roteiro: Federico Fellini e Bernardino Zapponi, com a colaboração de Brunello Rondi
Diretor de fotografia: Giuseppe Rotunno
Trilha sonora: Luis Enriquez Bacalov
Elenco: Anna Prucnal, Marcello Mastroianni, Bernice Stegers, Donatella Damiani, Iole Silvani, Fiammenta Baralla e Ettore Mannis
Produção: Opera Film Production, Gaumont

***E la nave va*, 1983**
Roteiro: Tonino Guerra e Federico Fellini, com a colaboração de Andrea Zanzotto
Diretor de fotografia: Giuseppe Rotunno
Trilha sonora: Gianfranco Plenizio
Elenco: Freddie Jones, Norma West, Barbara Jefford, Peter Cellier, Maurice Barrier, Jonathan Cecil, Victor Poletti e Jean Schlegel
Produção: Franco Cristaldi, RAI, Vides Produzione, Gaumont

***Ginger e Fred*, 1986**
Roteiro: Federico Fellini, Tonico Guerra e Tullio Pinelli
Diretor de fotografia: Tonino Delli Colli
Trilha sonora: Nicola Piovani
Elenco: Franco Fabrizi, Marcello Mastroianni, Giulietta Masina, Frédérick Ledebur, Augusto Poderosi, Toto Mognone e Jacques-Henri Lartigue
Produção: Alberto Grimaldi

Entrevista
(*Intervista*), 1987
Roteiro: Federico Fellini, com a colaboração de Gianfranco Angelucci
Diretor de fotografia: Tonino Delli Colli
Trilha sonora: Nicola Piovani
Elenco: Sergio Rubini, Paola Liguori, Maurizio Mein, Nadia Ottavioni, Lara Wendell, Antonella Ponziani, Anita Ekberg e Marcello Mastroianni
Produção: Ibrahim Moussa, Aljosha Productions, RAI-Uno

A voz da lua
(*La Vocce de la luna*), 1990
Roteiro livremente inspirado no romance *Il poema dei lunatici*, de Ermanno Cavazzoni: Federico Fellini
Diretor de fotografia: Tonino Delli Colli
Trilha sonora: Nicola Piovani
Elenco: Roberto Benigni, Paolo Villagio, Nadia Ottavioni, Marisa Tomasi, Sim, Suzy Blady e Angelo Orlando
Produção: Mario Cecchi Gori e Vittorio Cecchi Gori, RAI-Uno

Lista de detentores

Coleção Fondation Fellini pour le cinéma, Sion
pp. 26 (à direita), 27, 41, 42, 43 (no alto à direita), 46-47, 50 (embaixo à direita), 52, 55 (todas), 88 (no alto à esquerda), 92, 114, 115-116 (embaixo), 136, 155

Coleção Fondation Fellini pour le cinéma, Sion © Arquivo Bachmann-Beer/Cinemazero
pp. 8, 24, 79 (embaixo), 120 (à direita)

Coleção Fondation Fellini pour le cinéma, Sion © Fondazione Corriere della Sera, Milão
pp. 14 (à esquerda), 36 (à direita), 100-101

Coleção Fondation Fellini pour le cinéma, Sion © Vogue, Paris
pp. 18, 29

Coleção Fondation Fellini pour le cinéma, Sion © Il Travaso
pp. 22, 23

Coleção Fondation Fellini pour le cinéma, Sion © Milo Manara
p. 31

Coleção Fondation Fellini pour le cinéma, Sion © ADAGP, Paris, 2009
pp. 48, 51 (em cima à esquerda; em cima à direita; no meio à esquerda; no meio no centro; no meio à direita; embaixo à esquerda), 118 (à direita), 160, 163

Coleção Fondation Fellini pour le cinéma, Sion © Reporters Associati, Roma
p. 145

Coleção Fondation Fellini pour le cinéma, Sion, cortesia Carlotta Films, Paris
pp. 35, 36 (à esquerda), 90 (embaixo à esquerda), 122, 123, 124, 133

Coleção Fondation Fellini pour le cinéma, Sion, Coleção particular (*Whisper*)
pp. 106, 107

Deborah Beer, coleção Fondation Fellini pour le cinéma, Sion © Arquivo Bachmann-Beer/Cinemazero
pp. 50 (no meio à esquerda; no meio no centro; no meio à direita), 72, 73, 74, 75, 95, 130 (no centro; à direita), 131, 150, 151

Gideon Bachmann, coleção Fondation Fellini pour le cinéma, Sion © Arquivo Bachmann-Beer/Cinemazero
pp. 5-6

© Coleção Fondazione Federico Fellini, Rimini
pp. 12, 13, 19, 78 (à esquerda), 108, 109, 112, 113, 119, 125 (à direita), 128 (no alto), 130 (no alto), 135, 152 (embaixo), 156, 159, 161, 162

Coleção David Secchiaroli, Milão
pp. 14 (à direita), 67 (no meio à direita)

Coleção particular
pp. 15, 17, 21, 57 (no alto), 66, 85, 129, 139, 143 (à esquerda), 146 (à esquerda), 149, 164, 168

Coleção particular, cortesia Carlotta Films, Paris
p. 132

Coleção Cineteca del Comune di Bologna
pp. 26 (à esquerda), 43 (embaixo à direita), 44-45, 56 (à esquerda), 67 (embaixo à esquerda), 78 (à direita), 79 (no alto), 80, 81, 83, 86-87, 88 (embaixo à direita), 90 (embaixo à direita), 99, 110, 111, 116 (no alto), 118 (à esquerda), 120 (no centro), 152 (em cima), 153, 157, 166

Coleção Cineteca del Comune di Bologna, Cortesia Carlotta Films, Paris
pp. 49, 50 (no alto à esquerda), 50 (embaixo à esquerda; embaixo no centro), 70, 71, 94, 120, 126-127, 146 (à direita)

Coleção Vincenzo Mollica, Roma © ADAGP, Paris, 2009
p. 30 (embaixo)

Coleção Vincenzo Mollica, Roma, © Milo Manara
Página 30 no alto

Tazio Secchiaroli © Coleção David Secchiaroli, Milão
pp. 28, 32-33, 50 (no alto à direita), 57 (embaixo), 67 (no alto à esquerda; no alto à direita; no meio à esquerda), 71, 84, 88 (embaixo à esquerda), 89 (no alto à direita), 90, 130 (à esquerda), 154, 165, 167

Coleção Christoph Schifferli, Zurique
pp. 43 (no alto à esquerda; embaixo à esquerda), 50 (no alto no centro), 53, 63, 89 (no alto à esquerda), 104 (à esquerda), 147

Coleção Christoph Schifferli, Zurique, cortesia Fondation Jérôme Seydoux – Pathé, Paris © 1960, La Dolce vita – Riama Film – S.N. Pathé Cinéma – Gray Film
pp. 105, 141 (embaixo)

Cortesia Fondation Jérôme Seydoux – Pathé, Paris © 1960, La Dolce vita – Riama Film – S.N. Pathé Cinéma – Gray Film
pp. 37, 103, 138, 140 (no alto; no centro)

G.B. Poletto © Archivio Storico del Cinema – AFE, Roma
pp. 38 39, 125 (à esquerda), 128 (embaixo)

Coleção Fondation Jérôme Seydoux – Pathé, Paris © 1960, La Dolce vita – Riama Film – S.N. Pathé Cinéma – Gray Film
pp. 1, 56 (à direita), 58-59, 60-61, 68-69, 96-97, 141 (no alto), 142, 170-171

Sandro Simeoni, Coleção Fondation Jérôme Seydoux – Pathé, Paris
pp. 64, 65

Coleção particular, cortesia Coleção Fondation Jérôme Seydoux – Pathé, Paris © 1960, La Dolce vita – Riama Film – S.N. Pathé Cinéma – Gray Film
p. 93

Paul Ronald © Archivio Storico del Cinema – AFE, Roma
pp. 40, 117

Coleção Michel Giniès, Paris
pp. 67 (embaixo à direita), 120 (à esquerda), 137

Coleção Michel Giniès, Paris, cortesia Carlotta Films, Paris
p. 104 (à direita)

Coleção Cinémathèque Française © ADAGP, Paris, 2009
p. 82

Michelangelo Durazzo
pp. 54, 169

Michelangelo Durazzo © Agence ANA, Paris
pp. 88 (no alto à direita), 91

Alessandro von Normann, cortesia Emanuele von Normann
pp. 134, 140 (embaixo)

Pierluigi © Reporters Associati, Roma
p. 143 (à direita)

Coleção Ciné-Image, Paris
p. 25

SESC São Paulo
www.sescsp.org.br

Edições SESC SP
Av. Álvaro Ramos, 991
CEP: 03331-000 São Paulo SP Brasil
Tel.: (11) 2607-8000
edicoes@edicoes.sescsp.org.br

CENTROS CULTURAIS
www.ims.com.br

Rio de Janeiro
Rua Marquês de São Vicente, 476, Gávea
CEP: 22451-040
Tel.: (21) 3284-7400 Fax: (21) 2239-5559

São Paulo
Rua Piauí, 844, 1º andar, Higienópolis
CEP: 01241-000
Tel.: (11) 3825-2560 Fax: (11) 3661-0984

Poços de Caldas
Rua Teresópolis, 90, Jardim dos Estados
CEP: 37701-058
Tel./fax: (35) 3722-2776

p. 1 Marcello Mastroianni, Anita Ekberg e Federico Fellini na filmagem de *A doce vida*, 1960
pp. 5-6 Federico Fellini e Marcello Mastroianni, *8½*, 1963

Coordenação editorial **Samuel Titan Jr.**
Assistentes editoriais **Denise Pádua e Priscila Sacchettin**
Preparação **Flávio Cintra do Amaral**
Revisão **Juliana Kuperman**

Projeto gráfico **Daniel Trench**
Assistente **Gustavo Marchetti**
Tratamento de imagens **Jorge Bastos/Motivo**
Produção gráfica **Acássia Correia**

www.fondation-fellini.ch
FONDAZIONE FEDERICO FELLINI
CINETECA BOLOGNA
Gaumont
cinemazero
FONDATION JÉRÔME SEYDOUX PATHÉ
CARLOTTA FILMS
BETA

Tiragem **3.000 exemplares**
Impressão **Ipsis**
Miolo **Garda klassica 135 g/m²**
Fonte **Sentinel**